Jana und Felix Dahlmanns

Die Hautdiät – Das Kochbuch

GOLDMANN

Buch

Es gibt einen Weg zurück zu schöner und gesunder Haut: die Hautdiät. Der Mediziner Felix Dahlmanns hat eine hocheffektive Strategie entwickelt, mit der sich verschiedenste Hautprobleme auf natürliche Weise von innen heraus kurieren lassen. In seinem erfolgreichen Buch »Die Hautdiät« hat er die Methode vorgestellt. Die über 111 Rezepte wurden gezielt für die Heilung der Haut von innen entwickelt. Sie sind allesamt lecker und ganz einfach zuzubereiten.

Autoren

Felix Dahlmanns ist der Begründer der Hautdiät und Autor des gleichnamigen Buches. Seitdem er vor über zehn Jahren durch die Ernährung und einen geänderten Lifestyle seine chronische Hautkrankheit erfolgreich in den Griff bekommen konnte, ist er auf der Mission, das notwendige Wissen weiterzugeben. Nach seinem Medizinstudium konzentriert er sich weiterhin vollständig auf das Erschaffen ganzheitlicher Lösungsansätze für chronische (Haut-)Beschwerden.

Jana Dahlmanns hat Ökotrophologie an der Universität Gießen studiert. Schon immer begeistert sie sich für gesunde Ernährung, leckeres Essen und einen bewussten Lebensstil. Gemeinsam mit ihrem Bruder Felix Dahlmanns arbeitet sie daran, gesunde, leckere und alltagstaugliche Hautdiät-Rezepte zu entwickeln.

Außerdem von Felix Dahlmanns im Programm

Die Hautdiät. Schluss mit Neurodermitis, Schuppenflechte, Akne und unreiner Haut

auch als E-Book erhältlich

JANA UND FELIX DAHLMANNS

Die HAUTDIÄT
DAS KOCHBUCH

111 REZEPTE
für gesunde und schöne Haut

GOLDMANN

Alle Ratschläge in diesem Buch wurden von den Autoren und vom Verlag sorgfältig erwogen und geprüft. Eine Garantie kann dennoch nicht übernommen werden. Eine Haftung der Autoren beziehungsweise des Verlags und seiner Beauftragten für Personen-, Sach- und Vermögensschäden ist daher ausgeschlossen.

MIX
Papier | Fördert gute Waldnutzung
FSC® C147178

Penguin Random House Verlagsgruppe FSC® N001967

1. Auflage
Originalausgabe Juli 2024

Redaktion: Dagmar Rosenberger
Fotos: Hannah Leitsch (215, 244), Moritz Winter (14, 48, 51, 52, 54, 57, 82, 97, 130, 137, 144, 150, 157, 161, 186, 198, 204, 212, 239, 241), Jana Dahlmanns/Felix Dahlmanns (alle anderen)
Umschlag: Uno Werbeagentur, München
Umschlagmotiv: Zitrone: creativemarket, Autorenfoto: privat
Satz: Uhl + Massopust, Aalen
Druck und Bindung: Pixartprinting, Lavis
Printed in Italy
CH · IH

ISBN 978-3-442-18003-5

www.goldmann-verlag.de

Inhalt

Herzlich willkommen!

Seit dem Erscheinen des Buches *Die Hautdiät* im April 2020 wollten wir unbedingt ein dazu passendes Kochbuch mit Fotos und Rezepten herausbringen, in dem leckere, leicht zuzubereitende und gesunde Mahlzeiten enthalten sind, die Spaß machen beim Kochen und Essen. Denn das ist es, was Ihnen den Alltag erleichtert, wenn Sie sich gesünder ernähren wollen, um besser zu leben und gesunde Haut zu bekommen.

Wir haben uns größte Mühe gegeben, damit die Rezepte wirklich lecker und gesund sind und auch gut aussehen – das Auge isst ja bekanntlich mit. Das Kochen, Dekorieren und Fotografieren, das ständige Küche-Aufräumen und Wischen, das Aussuchen und Bearbeiten von Fotos, das Schreiben von Rezepten und Texten und zu guter Letzt das Essen der zubereiteten Speisen hat uns viel mehr Zeit und harte Arbeit gekostet, als wir gedacht hatten. Es sind dabei Tränen geflossen, jede Menge Nerven und einige nicht so leckere Rezepte sind auf der Strecke geblieben.

Wir hatten aber auch enorm viel Spaß und hoffen, dass auch Sie an diesem Buch und den darin enthaltenen Rezepten Freude haben und damit Ihre Hautgesundheit positiv beeinflussen werden. Dann hat sich unsere Arbeit gelohnt.

In diesem Buch erwarten Sie zahlreiche Rezepte für das Frühstück, für Smoothies und kalt gepresste Säfte. Ebenso werden Sie leckere Hauptmahlzeiten, Suppen, Salate, Dips und Dressings sowie herzhafte und süße Snacks entdecken, mit denen eine gesunde Ernährung leicht und spielerisch wird.

In diesem Sinne: Viel Vergnügen beim Kochen, Ausprobieren und Genießen!

Jana Dahlmanns Felix Dahlmanns

Was ist die »Hautdiät« und wie funktioniert sie?

Wenn Sie unter Hautproblemen leiden und diese gerne auf natürlichem Wege an ihren inneren Ursachen angehen möchten, dann ist unsere Hautdiät das Richtige für Sie.

Felix ist selbst Schuppenflechte-Betroffener und Arzt und weiß aus eigener Erfahrung, dass Hautkrankheiten im Inneren entstehen und dass man dort ansetzen muss, wenn man sie langfristig in den Griff bekommen will. Nur mit dem Behandeln von Symptomen mittels Salben, Cremes und Medikamenten kommt man meist nicht weit, weil so die wahren Ursachen einfach nie angegangen werden. Grob gesagt sind es zwei Ursachen, die dazu führen können, dass der Körper aus dem Gleichgewicht gerät und eine chronische Hautkrankheit ausbildet: chronischer Mangel und chronische Verunreinigung.

In dem Buch *Die Hautdiät* sind die Zusammenhänge und Hintergründe deutlich ausführlicher erklärt, aber man kann in aller Kürze sagen, dass der Körper, wenn er zum einen nicht die Dinge in sich hat, die dort eigentlich hingehören (z. B. essenzielle Nahrungsbestandteile), und wenn der Körper zum anderen zu viele Dinge in sich hat, die dort eigentlich nicht hineingehören (z. B. Giftstoffe verschiedenster Art), und er mit der Reinigung nicht hinterherkommt, nicht richtig arbeiten kann. Das kann sich in sicht- und spürbarer Form chronischer Krankheiten, wie auch Hautkrankheiten, zeigen. Der Körper gibt einem so das deutliche Feedback, dass etwas nicht stimmt.

Und das muss sich nicht nur auf Hautprobleme beschränken. Auch Verdauungsbeschwerden, Allergien und Unverträglichkeiten, Stimmungsschwankungen, Antriebslosigkeit, Erschöpfung und vieles mehr sind die Folge. Um diese Zustände wieder umzukehren, lohnt es sich daher, wenn man dem Körper hilft und ihm die Dinge gibt, die er braucht, und ihn durch eine verbesserte Entgiftung dabei unterstützt, die Dinge loszuwerden, die ihn belasten können.

Natürlich sind Gesundheit und Krankheit sehr komplex und müssen in der Regel ganzheitlich betrachtet werden. Das heißt, dass auch Dinge wie Bewegung, Schlaf, das eigene psychische Wohlbefinden und das soziale Umfeld mit entscheidend dafür sind, wie gesund wir uns fühlen und am Ende des Tages auch sind.

Unsere Ernährung und unser Trinkverhalten bilden jedoch die Basis unserer Gesundheit und hier kann eine Menge grundlegend schieflaufen: Wir leben in einer Zeit und Zivilisation, in der viele Lebensmittel und Getränke krank machend sind und Gifte enthalten. Nahrungsmittel sind dank der Lebensmittelindustrie in Tausenden Farben, Formen und Varianten im Überangebot verfügbar. Dazu kommt ein oft hektischer Lebensstil, in dem wir permanent unter Leistungs- und Zeitdruck stehen und deshalb oft nebenher und »schnell mal zwischendurch« essen oder uns hin und wieder überessen, um emotionalen Stress loszuwerden oder zu entspannen. Eine solche Ernährungsweise kann mit der Zeit dazu führen, dass unser Körper »Stopp!« sagt.

Schauen wir uns daher, bevor wir zu den Rezepten kommen, ein paar Grundsätze und Ideen an, die wir berücksichtigen können, um unsere Ernährungsweise »körperfreundlicher« zu gestalten.

Unsere Lebensmittel – die Grundlagen

Die folgenden Grundsätze finden wir besonders wichtig:

- **Natur statt Fabrik:** Da der Mensch selbst auch ein Naturprodukt ist und unsere gesamten Zellen durch das, was wir essen, aufgebaut werden, sollte auch unsere Nahrung natürlich sein. Das heißt, dass das Lebensmittel von Mutter Natur kommen sollte, nicht aus einer Fabrik. Das bedeutet: Wir sollten alle stark verarbeiteten Lebensmittel, Fertiggerichte mit einer elend langen Inhaltsstoffliste und Dinge, die es vor 100 Jahren noch nicht gab, bestmöglich meiden. Stattdessen sollte unsere Nahrung frisch und natürlich sein.

- **Auf Bioqualität achten:** Nicht nur raffinierter Zucker, raffinierte billige Pflanzenöle und Konservierungsstoffe in diversen Lebensmitteln und Getränken sowie Pestizide auf »konventionellem« Obst und Gemüse haben für unseren Körper keine positiven Effekte. Im Gegenteil: Sie schaden uns und machen uns krank. Daher sollten wir möglichst viele Lebensmittel in Bioqualität kaufen, insbesondere alles, was wir mit Schale verzehren. Das ist extrem wichtig!

- **Wissen, was drin ist:** Häufig sind Lebensmittel nur auf gesund gebrandet. Das bedeutet, dass Stichworte wie »vegan« oder »high Protein« und eine auf naturnah getrimmte Verpackung uns suggerieren, ein Lebensmittel sei gesund. Ein Blick auf die Inhaltsstoffliste verrät dann aber das Gegenteil. Also immer mal wieder im Supermarkt die Dinge in die Hand nehmen und hintendrauf auf die Inhaltsstoffliste schauen. Wenn dort vieles steht, was man nicht kennt oder was man kaum aussprechen kann, dann lieber die Finger davon lassen.

- **Besser vegetarisch:** Tierische Produkte sollten unserer Meinung und Erfahrung nach weitestgehend gemieden werden. Und wenn man sich doch für ein Stück Fleisch oder Fisch, Eier oder Milchprodukte entscheidet, ist wirklich die Qualität entscheidend. Denn viele der Zuchttiere werden mit minderwertiger Nahrung gefüttert, sind selbst krank und unglücklich, und das daraus resultierende Lebensmittel ist nicht ideal, insbesondere was gesunde Inhaltsstoffe angeht. Zudem werden Milch und Fleisch häufig noch stark verarbeitet und noch unnatürlicher gemacht. Daher sollte man hier darauf achten, dass die Tiere unter guten Bedingungen leben und natürliches Futter bekommen – also echte Weiderinder und -hühner –, und bei Milchprodukten zu Rohmilchprodukten greifen, nicht zu pasteurisierten und homogenisierten.

- **Frisches als Hauptzutat:** Frisches Obst, Beeren, diverse Gemüse, Grünzeug, Blattsalate aller Art, Nüsse, Samen und Kerne, selbst gezüchtete Sprossen, kalt gepresste Öle, alles in Bio- und idealerweise Rohkostqualität, sind die Dinge, die als Hauptbestandteile der Nahrung Sinn machen, wenn man den menschlichen Körper und seine Anatomie und die Physiologie der Verdauungsorgane sowie die ursprüngliche Lebensart des Menschen berücksichtigt. Halten wir uns an solch eine natürliche, unverarbeitete Nahrung, die die Natur für unseren Konsum vorgesehen hat, dann verschwinden etliche chronische Beschwerden und »Wehwehchen«, die wir vielleicht seit Jahren für normal halten.

Unsere Ernährungsweise – die Grundlagen

Im Rahmen der Hautdiät gibt es einige Ernährungsmethoden und -strategien, die wir anwenden wollen, um unseren Körper bestmöglich zu unterstützen und ihn nicht unnötig zu belasten. Dazu zählen …

- **ein passendes Trinkverhalten:** Durch regelmäßiges und »hochvolumiges« Trinken, (also kurz gesagt relativ viel Trinken) von z. B. frischem Zitronenwasser, kalt gepressten Säften oder bestimmten Tees sorgen wir dafür, dass wir dem Körper genügend Flüssigkeit zur Verfügung stellen. Damit können sich chronisch dehydrierte Zellen nach und nach wieder hydrieren, das Blut ist dünnflüssiger und in der Folge werden Gewebe besser und leichter durchblutet, und die Nieren bekommen mehr Filterflüssigkeit, um effizienter das Blut zu reinigen.
- **flüssige und leicht verdauliche Mahlzeiten:** Durch die Aufnahme von flüssigen Mahlzeiten wie Smoothies, kalt gepressten Säften oder Suppen sowie durch den Konsum leicht verdaulicher Mahlzeiten, z. B. frisches Obst, Salate oder gekochtes Gemüse, entlasten wir den Magen-Darm-Trakt. Wenn unsere Verdauungsorgane nicht so hart arbeiten müssen und auch mal eine Arbeitspause bekommen, können sie sich erholen und zu alter (oder neuer) Kraft gelangen.
- **entspannt essen, gut kauen und sich nicht überessen:** Durch gezieltes Entspannen vor dem ersten Bissen einer jeden Mahlzeit sorgen wir dafür, dass der Körper in den Verdauungsmodus schaltet und unser Magen, die Leber und die Bauchspeicheldrüse ihre Verdauungssäfte produzieren. Durch bewusstes Kauen und Einspeicheln der Nahrung helfen wir zudem enorm bei der Verdauung, genießen mehr und haben mehr Kontrolle darüber, wie

viel wir essen. Wenn wir aufhören zu essen, sobald unser Magen zu etwa 80 Prozent gefüllt ist, fühlen wir uns nach dem Essen nicht müde oder lethargisch, sondern gut gesättigt, leicht und aktiv.

- **Spaß an gesunder Ernährung zu haben:** Wir wollen bei dem Thema gesunde Ernährung entspannt und neugierig bleiben, Dinge testen und ausprobieren und uns nicht zu irgendetwas zwingen oder irgendwelchen Dogmen folgen. Auf diese Weise macht das Essen Freude und ist dann auch wirklich gesund.

Bevor wir mit den Rezepten starten, sei erwähnt, dass die Zutaten und Mengenangaben nicht in Stein gemeißelt sind. Nehmen Sie die Rezepte gegebenenfalls einfach als Inspiration und wandeln Sie sie um, wie es Ihnen gefällt und wie es zu dem passt, was sich noch in Ihrem Kühlschrank oder Ihrem Vorratsschrank findet. Entwickeln Sie auch eigene Rezepte und werden Sie kreativ!

REZEPTE

KALTE & WARME GETRÄNKE

1 – Frisches Zitronenwasser

Das frische Zitronenwasser gehört im Rahmen der Hautdiät zu den Basics. Um eine adäquate Grundversorgung des Körpers mit Wasser und Vitamin C zu gewährleisten, können wir regelmäßig zu diesem wunderbaren Getränk greifen. Der Saft der Zitronen schmeckt zwar sauer, wirkt im Körper nach der Verdauung aber basisch und eignet sich somit perfekt, um unserer Gesundheit etwas Gutes zu tun.

Für Menschen mit Histaminintoleranz und/oder Neurodermitis: Langsam und mit zuerst nur weniger Zitronensaft an das Getränk herantasten und schauen, wie Sie es vertragen.

Zutaten (für 1 Karaffe)

1–1,5 l Wasser

1 Zitrone

Zubereitung

1. Den Saft der Zitrone auspressen und zusammen mit 1 bis 1,5 Liter Wasser in eine Karaffe geben.

   Die Konzentration kann man selbst bestimmen, indem man etwas mehr Wasser oder Zitronensaft hineingibt.

Wichtig: Vor und nach dem Zähneputzen mindestens 45 Minuten mit dem Verzehr von Zitronen und Zitronenwasser warten, da die enthaltene Säure den Zahnschmelz empfindlich macht.

2 – Grüner Superfood-Shake

Der grüne Superfood-Shake ist ein ideales Frühstück. Er versorgt den Körper bereits am frühen Morgen mit Wasser und jeder Menge essenzieller Mikronährstoffe. Diese sind für die Funktion unserer Zellen unentbehrlich. Der Shake macht wach und satt, obwohl er kaum Kalorien enthält, und entlastet zugleich die Verdauungsorgane, da er superschnell und leicht verdaut ist.

Im Grunde kann jeder Saft als Basis für den grünen Shake genommen werden. Frischer Orangensaft ist kein Muss, reguliert aber relativ gut den etwas gewöhnungsbedürftigen Geschmack der grünen Superfood-Pulver. Durch die Zugabe von mehr oder weniger Wasser und Zitronensaft können Sie ausprobieren, wie der Shake Ihnen am besten schmeckt.

Zutaten (für 1 Karaffe)

2–3 Orangen
1 Zitrone
300 – 700 ml Wasser
2–3 TL grünes Superfood-Pulver pur oder aus einer Superfood-Pulvermischung (z. B. Weizengras, Spirulina, Chlorella, Gerstengras, Moringa oder Löwenzahn)

Zubereitung

1. Den Saft der Orangen und der Zitrone auspressen und mit dem Wasser in eine Karaffe geben. Das grüne Pulver mit einem Schneebesen einrühren, sodass es sich gut auflöst.
2. Während des Trinkens immer mal wieder umrühren oder die Karaffe schütteln, da sich das Pulver mit der Zeit am Boden absetzt.

3 – Lila Zitronenwasser

Dieses Zitronenwasser ist »gepimpt« und verstärkt mit einer Extraportion Antioxidantien. Damit ist es super gesundheitsfördernd, denn es schützt unsere Zellen und deren Zellmembranen vor einem krank machenden Überfluss an freien Radikalen. Zudem sieht es fancy aus und schmeckt einfach gut.

Zutaten (für 1 Karaffe)

1 Zitrone
1 l Wasser
1 TL lila Superfood-Pulver (z. B. Acai-Beere, Aroniabeere oder auch Hagebutte)

Zubereitung

1. Für das lila Zitronenwasser den Saft einer Zitrone auspressen. Den frischen Zitronensaft mit etwa 1 Liter stillem Wasser in eine Karaffe geben und einen Teelöffel Acai- oder Aronia-Pulver hinzugeben und ordentlich verrühren. Fertig.

4 – Rotes Zitronenwasser

Ein bisschen aufwändiger in der Herstellung als die lila Variante des Zitronenwassers, dennoch genial und ebenfalls sehr gesund.

Zutaten (für 1 Karaffe)

1 Granatapfel

1 Zitrone

1 l Wasser

Zubereitung

1. Einen Granatapfel halbieren und die Hälften auf einer Zitruspresse auspressen. Oder die Schale entfernen, den Granatapfel in große Stücke brechen und in einem Entsafter entsaften. (Hierbei ist es nicht schlimm, wenn etwas von dem weißen Fruchtfleisch an den Kernen hängen bleibt.)
2. Den Saft der Zitrone auspressen und in eine Karaffe geben. Den Granatapfelsaft hinzugeben, mit etwa 1 Liter Wasser auffüllen, kurz umrühren und fertig.

5 – Himbeer-Minz-Refresher

Ganz leicht gemacht und superschick zum Anrichten – ideal, wenn man Gäste mit einem erfrischenden Getränk überraschen (und hydrieren) will.

Zutaten (für 1 Karaffe)

1 l Wasser
2–3 Stiele frische Minze
1 Handvoll (TK-)Himbeeren
optional: Eiswürfel

Zubereitung

1. Alle Zutaten in eine große Karaffe geben, Minze und Himbeeren gegebenenfalls leicht zerstoßen und dann für mindestens 30 Minuten ziehen lassen, damit sich der Geschmack entfalten kann.
2. Zum Servieren optional Eiswürfel hinzugeben und genießen.

6 – Grapefruit Spritz

Perfekt zum Genießen nach sportlichen Einheiten aller Art, ob Joggen, Fitnessstudio oder Tennis.

Zutaten (für 2 Gläser)

2–3 Grapefruits
500 ml Sprudelwasser
optional: 1 Handvoll Crushed Ice oder Eiswürfel

Zubereitung

1. Die Grapefruits auspressen, mit dem Wasser in einer Karaffe vermischen und mit Crushed Ice oder Eiswürfeln verfeinern.

7 – Granatapfel-Eistee

Wer sich an warmen Tagen oder einfach mal so zwischendurch mit einem gesunden Eistee erfrischen möchte, sollte dieses Rezept unbedingt ausprobieren.

Zutaten (für 4 Gläser)

1 l grüner Tee (aus 3–4 gehäuften TL losem grünen Tee und 1 l Wasser)
½ Granatapfel
2 TL Ahornsirup
2–4 Eiswürfel
optional: 2–3 Stiele frische Minze

Zubereitung

1. Den grünen Tee mit heißem, aber nicht mehr kochendem Wasser übergießen, 2 bis 3 Minuten ziehen lassen und dann vollständig abkühlen lassen.
2. Sobald der Tee kalt ist, den Saft des Granatapfels auspressen und zusammen mit Ahornsirup und dem grünen Tee in einer Karaffe vermischen. Eiswürfel und optional die frische Minze dazugeben und kalt genießen.

8 – Fitte alte Dame

Ein Klassiker der Saftküche! Der mild-säuerliche Geschmack und die rundum gesunden Inhaltsstoffe halten einen lustig und jung. Leckeres Anti-Aging von innen.

Zutaten (für 1 Liter)

1 kg Möhren
2 Äpfel
2 Orangen
1 Zitrone

Zubereitung

1. Die Möhren und Äpfel waschen, die Orangen und die Zitrone schälen.
2. Alle Zutaten zusammen im Entsafter entsaften und in Gläser oder eine Karaffe füllen.

9 – Grüner Peter

Besser bekömmlich als der »schwarze Peter« und im Gegensatz zu dem möchte man diesen Saft auch nicht abgeben.

Zutaten (für 1 Liter)

1 Bund Staudensellerie
3 grüne Äpfel
1 Limette

Zubereitung

1. Den Sellerie und die Äpfel waschen, die Limette schälen.
2. Alle Zutaten in den Entsafter geben und zu Saft verarbeiten.

10 – Pure Passion

Der Saft für ein tropisches Feeling, auch in nicht tropischen Gefilden. Hier kribbeln die Geschmacksknospen beim Trinken.

Zutaten (für 1 Liter)

6 Orangen
1 Granatapfel
2–3 Passionsfrüchte

Zubereitung

1. Die Orangen und den Granatapfel schälen. Die Passionsfrucht halbieren und das Fleisch herauslöffeln.
2. Alles zusammen in den Entsafter geben und entsaften. Den Saft in Gläser füllen und am besten mit Eiswürfeln im Liegestuhl genießen.

11 – Fliegender Holländer

Verdammt sei derjenige, der diesen Saft nicht lecker findet. Einfach eine simple und geniale Mischung. Schmeckt auch super mit Birnen statt Äpfeln und Limetten- statt Zitronensaft!

Zutaten (für 1 Liter)

2 Salatgurken
3 Äpfel
1 Zitrone

Zubereitung

1. Die Gurken und Äpfel waschen und klein schneiden. Die Schale der Zitrone entfernen und alle Zutaten in den Entsafter geben.

12 – Zitrusfrucht-Mix

Sauer macht lustig – dementsprechend nichts für ernste Leute (und besser auch erst einmal nicht für Menschen mit Histaminintoleranz).

Zutaten (für 1 Liter)

6 Orangen oder Blutorangen
2–3 Grapefruits
1 Zitrone
optional: 2 TL Acai-Pulver

Zubereitung

1. Alle Zitrusfrüchte halbieren und den Saft auspressen. Optional das Acai-Pulver hinzugeben und gut verrühren, sodass sich keine Klumpen bilden.
2. In einer Karaffe oder in Gläsern servieren.

13 – Donald Trump

Die Farbe dieses Saftes erinnerte uns an die Gesichtsfarbe von Donald Trump – daher der Name. Auch wenn Sie Donald Trump nicht mögen, sollten Sie diesen simplen, aber genialen Saft trotzdem probieren.

Zutaten (für 1 Liter)

2 kg Möhren
1–2 TL Leinöl

Zubereitung

1. Die Möhren waschen und in den Entsafter geben.
2. Vor dem Servieren einen Schuss Leinöl in jedes Glas geben und mit einer Gabel oder einem Schneebesen feinperlig verquirlen.
3. Anschließend mit dem Saft aufgießen.

14 – Purest Pink

Farblich ein absoluter Hingucker und auch geschmacklich ein echter Knaller: die Süße der Ananas kombiniert mit der leicht erdigen Note der Bete – einfach genial!

Zutaten (für 1 Liter)

1 Ananas
1–2 kleine rohe Rote Bete (keine gekochte Bete verwenden)

Zubereitung

1. Die Ananas schälen und in Stücke schneiden, sodass sie in den Entsafter passen. Der Strunk kann ebenfalls entsaftet werden.
2. Die rohe Rote Bete gründlich waschen oder schälen und vierteln. (*Tipp:* Einweghandschuhe anziehen und auf die Kleidung aufpassen, da die Rote Bete stark abfärbt.)
3. Die Ananas und Rote Bete in den Entsafter geben, zu Saft verarbeiten und sich am Geschmack und der Farbe dieses tollen Saftes erfreuen!

15 – Chlorophyll Kiss

Chlorophyll, auch »das grüne Blut der Pflanzen« genannt, hat zahllose magische und auch wissenschaftlich nachgewiesene Gesundheitsbenefits. Daher lautet die Devise: Je grüner, desto besser – und mit diesem Saft kriegen wir das hin.

Zutaten (für 1 Liter)

1 Salatgurke
1 Bund Staudensellerie
3 grüne Äpfel
1 Limette
optional: 2 TL grünes Superfood-Pulver (z. B. Weizengras, Spirulina, Chlorella, Gerstengras, Moringa, Löwenzahn etc.)

Zubereitung

1. Die Gurke, den Staudensellerie und die Äpfel waschen und in Stücke schneiden. Die Limette schälen.
2. Alle Zutaten in den Entsafter geben.
3. Anschließend optional das grüne Superfood-Pulver in den Saft einrühren und schon kurze Zeit nach dem Trinken die Kraft des Chlorophylls spüren.

16 – Feuerlöscher

Chronische Entzündungen im Körper begünstigen die Entstehung chronischer Krankheiten. Mit den antientzündlichen Inhaltsstoffen dieses Saftes können wir helfen, die inneren Entzündungsherde zu löschen.

Zutaten (für 1 Liter)

1 kg Möhren
2 Orangen
1 daumengroßes Stück Ingwer
optional: 1 kleine Kurkumawurzel

Zubereitung

1. Die Möhren waschen und die Orangen schälen.
2. Ingwer, Möhren und Orangen (sowie optional die Kurkumawurzel) in den Entsafter geben und direkt genießen.

17 – Glowing Green

Eine weitere Variante eines grünen Saftes, der einfach klasse aussieht, genial schmeckt und dem Körper richtig guttut.

Zutaten (für 1 Liter)

3 grüne Äpfel
1 Gurke
4 Stangen Sellerie
1 Limette

Zubereitung

1. Äpfel, Gurke und Sellerie waschen und in passende Stücke schneiden. Die Limette schälen.
2. Alle Zutaten in den Entsafter geben und genießen. Grüner wird's nicht!

18 – Protein-Power

Ob sich wohl Gorillababys von diesem Saft ernähren und deshalb so stark werden? Auf jeden Fall perfekt für nach dem Training.

Zutaten (für 1 Liter)

400 g Möhren
100–200 g Babyspinat
3 Orangen
1 Zitrone
optional: 4 TL Hanfproteinpulver

Zubereitung

1. Die Möhren und den Spinat waschen und bereitstellen. Die Schale der Orangen und der Zitrone entfernen.
2. Alle Zutaten in den Entsafter geben, in den Saft optional Hanfproteinpulver einrühren, trinken und Kraft tanken.

19 – Pink Princess

Dieser süße Saft kommt gut an bei kleinen und großen Prinzessinnen und allen, die es werden wollen.

Zutaten (für 1 Liter)

4 Äpfel
2 Orangen
1 Zitrone
1 Granatapfel
1 Passionsfrucht

Zubereitung

1. Die Äpfel waschen und klein schneiden. Die Orangen und die Zitrone schälen und ebenfalls in Stücke schneiden. Den Granatapfel vierteln, die Kerne vorsichtig herausbrechen und in einer Schüssel bereitstellen. Die Passionsfrucht halbieren und das Fruchtfleisch herauslöffeln.
2. Alle Zutaten in den Entsafter geben und in besonders schönen Gläsern servieren, die einer Prinzessin würdig sind.

20 – Hello Bali

Unsere Empfehlung für einen Kurztrip: den ersten Schluck mit geschlossenen Augen nehmen, im Liegestuhl, Sessel oder auf der Couch entspannt zurücklehnen und im Geiste an einen Strand Ihrer Wahl reisen. Es funktioniert!

Zutaten (für 1 Liter)

4 Äpfel
1 Ananas
3 Orangen
1 Zitrone
2 Passionsfrüchte

Zubereitung

1. Die Äpfel waschen und in Stücke schneiden. Die Ananas, die Orangen und die Zitrone schälen und ebenfalls klein schneiden. Die Passionsfrüchte halbieren, das Fruchtfleisch herauslöffeln und bereitstellen.
2. Alle Zutaten in den Entsafter geben, anrichten und unseren Kurzurlaub zum Trinken genießen.

21 – Melonenbombe

Sehr süß und intensiv – also nichts für den dauerhaften oder literweisen Konsum, aber man sollte es unbedingt mal getestet haben.

Zutaten (für 1 Liter)

1 kg Wassermelone

Zubereitung

1. Das Fruchtfleisch der Melone durch den Entsafter jagen – wer mag, kann die Schale ebenfalls entsaften (dann allerdings auf Bioqualität achten), denn in ihr sind essenzielle Aminosäuren enthalten. Dadurch wird der Saft zwar weniger knallrot, aber auch weniger süß.

22 – Classic Green

Dieser grüne Smoothie eignet sich perfekt fürs Frühstück und auch gleich für eine Instagram-Story darüber. Wunderbar lecker und schön anzusehen!

Zutaten (für 2–3 Gläser)

1 grüner Apfel
1 Handvoll Babyspinat
1 Banane
1 Kiwi
500 ml kaltes Wasser
Saft von 1 Limette
optional: 1 kleine Handvoll Crushed Ice

Zubereitung

1. Den Apfel waschen, vom Kerngehäuse befreien und in Stücke schneiden. Den Babyspinat waschen und leicht trocken tupfen.
2. Die Banane und die Kiwi schälen und zusammen mit den anderen Zutaten im Standmixer pürieren, bis ein samtiger Smoothie entsteht.

23 – Bloody Berry

Alkoholfrei und extrem lecker: unser Smoothie für alle Beerenfreunde. Es können natürlich auch frische Beeren dafür verwendet werden.

Zutaten (für 2–3 Gläser)

1 reife Mango
150 g TK-Blaubeeren
150 g TK-Himbeeren
Saft von 1 Zitrone
350 ml Wasser

Zubereitung

1. Die Mango schälen und das Fruchtfleisch vom Stein schneiden.
2. Das Fleisch der Mango mit allen anderen Zutaten in einen leistungsstarken Mixer geben und 1 Minute auf höchster Stufe pürieren.

24 – Yellow Submarine

Als wir dieses Rezept fotografiert haben, lief im Hintergrund zufällig das gleichnamige Lied der Beatles. Wir empfehlen Ihnen, dieses Lied bei der Zubereitung zu hören, um noch ein bisschen mehr gute Stimmung zu tanken.

Zutaten (für 1 Glas)

3 Orangen
1 reife Banane
100 ml Wasser
1 Prise gemahlene Vanille

Zubereitung

1. Den Saft der Orangen die Banane schälen.
2. Zusammen mit den anderen Zutaten in einen Mixer geben und so lange pürieren, bis ein glatter Smoothie entsteht. Wenn die Konsistenz zu dick ist, können Sie einfach noch etwas Wasser hinzugeben und alles noch mal kurz pürieren.

25 – Bilis Breakfast

Unser Labrador liebt diesen Smoothie und bereitet ihn jeden Sonntag frisch für die ganze Familie zum Frühstück zu. Mal nimmt er Blaubeeren, mal Himbeeren, mal Erdbeeren – auch Sie können und sollen variieren.

Zutaten (für 2 Gläser)

2 Handvoll frische Beeren nach Wahl
400 ml Pflanzenmilch nach Wahl
1 EL Acai-Pulver
optional: Eiswürfel oder Crushed Ice

Zubereitung

1. Die Beeren waschen und gegebenenfalls das Grün entfernen.
2. Alle Zutaten im Standmixer pürieren. Optional mit Eiswürfeln oder Crushed Ice mixen. Alternativ können Sie natürlich auch tiefgefrorene Beeren für den Smoothie verwenden.

26 – Banana Dark Choc

Dieser Smoothie ist etwas für die Seele von Schoki-Freunden.

Zutaten (für 1 Glas)

1 reife Banane
250 ml Pflanzenmilch nach Wahl
1 gehäufter EL Rohkakaopulver
optional: 1 Handvoll Crushed Ice

Zubereitung

1. Die Banane schälen. Alle Zutaten in einen leistungsstarken Mixer geben und pürieren, bis ein geschmeidiger Smoothie entsteht. Anrichten und genießen.

27 – Sweet Green

Wir lieben diesen süßen und gesunden Smoothie. Ideal auch für alle, die ein paar Kalorien mehr möchten oder brauchen.

Zutaten (für 1 Glas)

1 Handvoll Spinat
1 reife Banane
1 TL Mandelmus
250 ml kaltes Wasser
1 Dattel, entkernt

Zubereitung

1. Den Spinat waschen, die Banane schälen. Zusammen mit allen anderen Zutaten in einen leistungsstarken Mixer geben und fein pürieren.
2. Je nach Konsistenz noch etwas mehr Wasser hinzugeben.

28 – Sonnenanbeter

An einem Sommertag, wenn morgens schon die Sonne scheint und man die ersten Strahlen auf der Haut genießt, ist dieser Smoothie ein idealer Start, um dem Körper auch von innen etwas Sonnenenergie zu geben.

Zutaten (für 2–3 Gläser)

¼ – ½ Ananas (je nach Größe)
2 Orangen
1 Zitrone
1 reife Banane
1 Passionsfrucht
optional: Eiswürfel oder Crushed Ice

Zubereitung

1. Die Ananas in Stücke schneiden, den Saft der Orangen und der Zitrone auspressen. Die Banane schälen. Die Passionsfrüchte halbieren, das Fruchtfleisch herauslöffeln und bereitstellen.
2. Alle Zutaten im Standmixer oder Stabmixer pürieren, bis ein glatter Smoothie entsteht. Je nach Konsistenz noch etwas Wasser hinzugeben.
3. Optional können Eiswürfel oder Crushed Ice hinzugegeben werden.

29 – Vanilli Milli

Wir nennen ihn »den Labrador unter den Smoothies«, denn er ist weich, dick und freundlich.

Zutaten (für 2–3 Gläser)

2 reife Bananen
400–500 ml Pflanzenmilch nach Wahl
1 Prise gemahlene Vanille
optional: Eiswürfel oder Crushed Ice

Zubereitung

1. Die Bananen schälen. Alle Zutaten im Standmixer oder mit einem Stabmixer pürieren.
2. Optional 1 Handvoll Eiswürfel oder Crushed Ice hinzugeben.

30 – Pink Swirl

Wir lieben die Optik dieses Drinks. Zudem liefert er eine echte Geschmacksexplosion und steckt voller Antioxidantien!

Zutaten (für 2 Gläser)

200 g frische oder gefrorene Mango
500 ml Pflanzenmilch nach Wahl
1–2 TL Acai- oder Aronia-Pulver

Zubereitung

1. Die Mango würfeln. Anschließend mit der Pflanzenmilch in einem Mixer pürieren und in zwei Gläser geben.
2. Jeweils einen Teelöffel Acai- oder Aronia-Pulver oben auf den Smoothie schütten und vorsichtig mithilfe eines Löffels »einswirlen«, aber nicht vollständig einrühren.
3. Den Smoothie trinken oder löffeln, ganz nach Lust und Laune.

31 – Caribbean Dream

Karibik-Feeling ohne Reisepass! Dieser Smoothie ist einfach großartig – unbedingt ausprobieren.

Zutaten (für 2 Gläser)

200 g Ananas
Saft von 1 Limette
100 ml Kokosmilch
150 ml Kokoswasser
4 Eiswürfel
1 EL Kokosraspel

Zubereitung

1. Alle Zutaten bis auf die Kokosraspel in einen Mixer geben und auf höchster Stufe zu einem feinen Smoothie pürieren.
2. Den Smoothie auf zwei Gläser verteilen. Die Kokosraspel als Topping darübergeben.

32 – Angeber-Smoothie

Der regelmäßige Verzehr dieses Smoothies stärkt das Selbstwertgefühl und die Gesundheit.

Zutaten (für 2–3 Gläser)

½ Ananas
1 Apfel
1 sehr reife gefrorene Banane, geschält
Saft von 1 Zitrone
400 ml Wasser

Zubereitung

1. Die Ananas schälen, vom Strunk befreien und in Stücke schneiden. Den Apfel waschen, entkernen und ebenfalls klein schneiden.
2. Alle Zutaten zusammen in den Mixer geben und für etwa 1 Minute auf höchster Stufe pürieren.
3. In Gläsern anrichten und in aufrechter Haltung trinken, um das Selbstvertrauen zusätzlich zu aktivieren.

33 – Icy Blueberry O

Wir lieben Blaubeeren und ehren sie mit diesem Smoothie. Ein Tipp für den Sommer: viele frische Blaubeeren kaufen und einen großen Vorrat davon einfrieren.

Zutaten (für 2–3 Gläser)

200 g Blaubeeren
1 reife Banane
Saft von 2 Orangen
250 ml kaltes stilles Wasser

Zubereitung

1. Die Banane schälen. Alle Zutaten im Standmixer oder mit einem Stabmixer pürieren, bis ein samtiger Smoothie entsteht.
2. In Gläser füllen und direkt genießen.

34 – Schuppenflechte-Tee nach Maria Treben

Diese Teemischung basiert auf dem Originalrezept von Maria Treben und hat eine die Leber anregende Wirkung. Sie können sich die folgenden Zutaten in einer Apotheke anmischen lassen oder fertige Teemischungen bei Online-Apotheken bestellen.

Zutaten für die Teemischung

10 g Eichenrinde
30 g Schöllkraut (oder Löwenzahnwurzel)
30 g Weidenrinde
50 g Brennnessel
40 g Wiesengeißbart
30 g Ehrenpreis
20 g Erdrauch
30 g Ringelblume
20 g Walnussschale
20 g Schafgarbe

Zubereitung

1. Die Teemischung aus den oben aufgeführten Zutaten in der Apotheke mischen lassen oder fertig gemischt kaufen.
2. Wasser im Wasserkocher oder Topf zum Kochen bringen. Pro Tasse verwendet man circa einen Teelöffel Kräuter, überbrüht diese mit dem kochenden Wasser und lässt den Tee circa 6 Minuten ziehen.
3. Er schmeckt relativ bitter und ist anfangs etwas gewöhnungsbedürftig. Dosiert man den Tee etwas niedriger oder verkürzt die Ziehzeit, so mildert sich der Geschmack etwas ab.

Info: Aufgrund des enthaltenen Schöllkrauts gibt es Warnhinweise für Schwangere und Stillende sowie Menschen mit Lebererkrankung: Eine zu hohe Dosis an Schöllkraut kann sich negativ auf die Leber auswirken. Jedoch müssten erhebliche Mengen dieser Teemischung getrunken werden, um eine Leberschädigung hervorzurufen. Alternativ kann man Löwenzahnwurzel verwenden, wenn man sich die Mischung selbst zusammenstellt.

35 – Brennnessel-Tee

Ein echter Allrounder unter den Heiltees und super für zwischendurch als Abwechslung. Wer mag, kann auch frische Brennnesseln sammeln und diese für den Tee verwenden.

Zutaten (für 2 Tassen)

500 ml Wasser

3 TL Brennnesseltee

Zubereitung

1. Das Wasser im Wasserkocher oder Topf zum Kochen bringen. Die Teemischung in ein Sieb geben und mit kochendem Wasser übergießen.
2. Den Tee für circa 10 Minuten ziehen lassen und im Anschluss warm genießen.

36 – O.-M.-I.-Tee

Dieser Tee ist schnell hergestellt, schmeckt wunderbar und hilft dem Darm, sich wohlzufühlen.

Zutaten (für 2 Tassen)

500 ml heißes Wasser
1 Bio-Orange
3–4 Stängel frische Minze
1 kleines Stück Ingwer
optional: etwas Honig

Zubereitung

1. Das Wasser im Wasserkocher oder Topf zum Kochen bringen.
2. Die Orange gründlich abwaschen und in Scheiben schneiden. Die Minze waschen. Den Ingwer in dünne Scheiben schneiden.
3. Orange, Minze und Ingwer gleichmäßig auf zwei Tassen verteilen, mit kochendem Wasser übergießen und 5 bis 10 Minuten ziehen lassen. Optional mit Honig süßen.

37 – Frischer Minztee

Ganz einfach für wenige Cent zu Hause selber machen, was in Restaurants oder Bars schon mal 6 Euro kostet.

Zutaten (für 2 Tassen)

500 ml kochendes Wasser
4 Stängel frische Minze
optional: 1–2 TL Ahornsirup oder Honig

Zubereitung

1. Das Wasser im Wasserkocher oder Topf zum Kochen bringen.
2. Die frische Minze mit klarem Wasser abspülen, gleichmäßig auf zwei Tassen oder Gläser verteilen und schließlich mit dem kochenden Wasser übergießen.
3. Den Tee 5 bis 10 Minuten ziehen lassen und optional mit Honig oder Ahornsirup süßen.

38 – Heiße Zitrone

Heiße Zitrone gab es bei uns zu Hause, als wir noch klein waren, nach langen Winterspaziergängen, um sich aufzuwärmen. Wir haben es geliebt und wollen dieses klassische Getränk hier wieder aufleben lassen.

Zutaten (für 2 Tassen)

500 ml Wasser
1 Zitrone
optional: 1–2 TL Honig oder Ahornsirup

Zubereitung

1. Das Wasser im Wasserkocher oder Topf zum Kochen bringen, auf zwei Tassen verteilen und einige Minuten etwas abkühlen lassen.
2. Den Saft der Zitrone auspressen und erst kurz vor dem Verzehr gleichmäßig auf zwei Tassen oder Gläser verteilen. Mit dem leicht abgekühlten Wasser aufgießen und bei Bedarf mit etwas Honig oder Ahornsirup süßen.

FRÜHSTÜCK

39 – Rosa Eisprinzessinnen-Bowl

Wir haben die Basis für diese Bowl aus Tiefkühlbeeren hergestellt, daher ist dies ein kaltes und frisches Frühstück. Also weniger passend für kalte Wintertage oder für diejenigen, die morgens gerne etwas Warmes essen. Alternativ können Sie dieses Rezept natürlich auch mit frischen Beeren zubereiten. Unser Granola eignet sich hierfür optimal als knuspriges Topping.

Zutaten (für 2 Portionen)

250 g TK-Erdbeeren
100 g TK-Himbeeren
450 ml Pflanzenmilch nach Wahl
1 Prise gemahlene Vanille
1 Handvoll frische Beeren zum Garnieren
2–6 EL Granola als Topping

Zubereitung

1. Die gefrorenen Beeren mit der Pflanzenmilch in einen Mixer geben. Alles fein pürieren, bis eine gleichmäßige Masse entsteht.
2. Wenn die Konsistenz der Masse zu fest ist, kann man noch etwas Pflanzenmilch oder Wasser dazugeben und alles erneut pürieren.
3. Gemahlene Vanille unterrühren.
4. Die Smoothie-Masse auf zwei Schalen verteilen und die frischen Beeren sowie das Granola darauf anrichten.

40 – Sommerlicher Obstsalat

Klassisch, lecker und einfach nur gut als Frühstück an einem sonnigen Samstagmorgen oder unter der Woche, wenn man keine Lust auf die Arbeit hat. Hier sind die Zutaten nicht in Stein gemeißelt. Nehmen Sie einfach das Obst, das Sie gerne mögen und gerade zu Hause haben, und erweitern Sie Ihren frischen Kickstart in den Tag ganz nach Geschmack.

Zutaten (für 2–3 Portionen)

1 Handvoll Erdbeeren
1 Handvoll Blaubeeren
2 Aprikosen
1 Nektarine
1 Banane
1 Passionsfrucht
½ Zitrone
optional: einige TK-Himbeeren

Zubereitung

1. Die Erdbeeren und die Blaubeeren in ein Sieb geben und mit Wasser abspülen. Den Stielansatz der Erdbeeren entfernen und die Beeren halbieren oder vierteln. In eine mittelgroße Schüssel geben.

2. Die Aprikosen und Nektarinen waschen, von den Kernen befreien, in kleine Stücke schneiden und zu den Beeren geben. Die Banane schälen, in Scheiben schneiden und ebenfalls dazugeben. Die Passionsfrucht halbieren, das Mark mit einem kleinen Löffel heraustrennen und zum Rest hinzugeben.

3. Die ½ Zitrone auspressen, den Saft über den Obstsalat träufeln und alles miteinander vermengen.

4. Optional ein paar gefrorene Himbeeren dazugeben und mit dem restlichen Obstsalat mischen – so färbt er sich schön pink.

41 – Mr. Mojos Banana Pancakes

Wir wissen selbst nicht genau, wer Mr. Mojo ist. Wir wissen aber, dass diese kleinen, dünnen Pfannkuchen aus nur drei Zutaten superschnell und einfach zubereitet sind und echt lecker schmecken.

Zutaten (für 10–12 kleine Pfannkuchen)

100 g Haferflocken
2 sehr reife Bananen
100–120 ml Pflanzenmilch nach Wahl
1 Prise gemahlene Vanille
etwas Kokosöl oder geschmacksneutrales Öl zum Braten
Obst nach Wahl als Topping
frisches Obst oder Kompott zum Garnieren

Zubereitung

1. Die Haferflocken in einem Mixer zu feinem Mehl zermahlen. Die Bananen schälen und dazugeben. Nun die Pflanzenmilch und die gemahlene Vanille hinzugeben und alles zu einem glatten Teig verarbeiten. Sollte der Teig noch etwas zu dick sein, einfach noch einen Schuss Milch oder etwas Sprudelwasser dazugießen und verrühren.

2. Eine große beschichtete Pfanne bereitstellen. Etwas Kokosöl in die Pfanne geben und bei mittlerer Hitze auf dem Herd zum Schmelzen bringen. Je nach Größe der Pfanne drei bis fünf kleine Kleckse Teig in die Pfanne geben und den Teig eventuell etwas verstreichen. Die Pfannkuchen 1 bis 2 Minuten backen. Dann vorsichtig wenden und etwa 2 Minuten von der anderen Seite backen, bis die Pancakes eine goldbraune Farbe haben. Mit dem restlichen Teig genauso verfahren.

3. Die Pancakes auf zwei Tellern anrichten, mit frischem Obst oder Kompott garnieren und lauwarm genießen. Mr. Mojo wünscht guten Appetit!

SMEG

42 – Kokosjoghurt mit Kiwibeeren und Granola

Kiwibeeren sind die kleinen Schwestern der normalen Kiwi. Sie kommen ursprünglich aus Südostasien. Optisch und geschmacklich ähneln sich die beiden Früchte, allerdings sind die kleinen Beeren etwas milder. Wer im Supermarkt keine Kiwibeeren findet, kann natürlich auch einfach ein bis zwei grüne oder Gold-Kiwis oder anderes Obst nach Wahl verwenden.

Zutaten (für 2 Portionen)

1 unbehandelte Bio-Zitrone
400–500 g Kokosjoghurt
1 Prise gemahlene Vanille
4–5 Kiwibeeren
1 Handvoll Himbeeren
2–5 EL Granola als Topping (z. B. unser Mandel-Zimt-Granola, S. 115)
optional: 2–4 Physalis

Zubereitung

1. Die Zitrone heiß abwaschen und etwa ½ Teelöffel der Schale mit einer Reibe abreiben.
2. Den Kokosjoghurt in eine Schüssel geben und mit der Zitronenschale und der gemahlenen Vanille verrühren. Den Kokos-Zitronen-Joghurt anschließend gleichmäßig auf zwei Schälchen oder Gläser verteilen.
3. Die Kiwibeeren waschen und halbieren, Schälen ist nicht notwendig.
4. Die Himbeeren und Kiwibeeren oder das andere Obst nach Wahl auf dem Joghurt anrichten, das Granola als Topping darüberstreuen und optional mit Physalis dekorieren. Bon appétit!

43 – Berry Coco Bowl

Eine klassische Frühstücks-Bowl, die unfassbar gut aussieht und ebenso gut schmeckt. Wenn Pamela Reif zum Frühstück vorbeikommen sollte, ist dies das Rezept der Wahl.

Zutaten

100 g TK-Beeren oder Beeren-Mix
2 Bananen
400 g Kokosjoghurt
1 Handvoll frische Beeren zum Garnieren
2 EL Kokosraspel

Zubereitung

1. Die Beeren vorab mit einem Stabmixer pürieren und durch ein Haarsieb streichen, wenn Sie keine Kerne in Ihrer Bowl haben möchten (ansonsten diesen Schritt überspringen).
2. Die Bananen schälen. Alle Zutaten, bis auf die Beeren zum Garnieren und die Kokosraspel, in den Mixer geben und so lange pürieren, bis eine geschmeidige Masse entsteht.
3. Auf zwei Schüsseln verteilen und mit den restlichen Beeren und Kokosraspeln garnieren.

44 – Süße Frühstückspizza

Ziemlich mächtig, aber sehr lecker – ein süßes und fruchtiges Rezept für ein gemütliches Frühstück oder einen Brunch am Wochenende oder an Feiertagen.

Zutaten (für 3–4 Portionen)

2 reife Bananen
120 g zarte Haferflocken
1 TL Ahornsirup
1 Handvoll Mandeln
1 Orange
6–8 EL Kokosjoghurt
½ TL gemahlene Vanille
½ TL Abrieb von 1 Bio-Zitrone
1 Handvoll Himbeeren
1 EL Kokosraspel

Zubereitung

1. Den Backofen auf 180 °C Ober-/Unterhitze vorheizen.
2. Die Bananen schälen und mit den Haferflocken und dem Ahornsirup im Mixer zu einem Teig pürieren (alternativ die Bananen mit der Gabel zerdrücken und mit den Haferflocken und dem Ahornsirup vermischen).
3. Ein Backblech mit Backpapier belegen. Drei oder vier gleich große Kleckse Bananenteig mit großem Abstand auf das Backblech geben und glatt streichen, sodass Fladen entstehen. Dabei sollten die Pizzen etwa 0,5 bis 1 Zentimeter dick sein.
4. Das Backblech in den vorgeheizten Ofen geben und die Pizzen 15 bis 20 Minuten backen.
5. In der Zwischenzeit die Mandeln hacken. Die Orange schälen und das Fruchtfleisch in Filets schneiden. Den Kokosjoghurt mit 1 Prise gemahlener Vanille und dem Abrieb der Zitrone verrühren.
6. Die fertigen Pizzen auf Tellern anrichten, mit Kokosjoghurt bestreichen und mit Himbeeren, Orangenfilets, Mandeln und Kokosraspeln garnieren.

45 – Tommys Baby-Porridge

Dieses simple, aber immer gute Porridge-Rezept kocht unser zweiter Hund, Tommy, traditionell am ersten Sonntag in jedem Monat und serviert es der Familie.

Zutaten (für 1–2 Portionen)

60 g Haferflocken
150 ml Wasser
1 Banane
100 ml Pflanzenmilch nach Wahl
1 TL Ahornsirup
1–2 Handvoll Blaubeeren oder anderes Obst als Topping
½ TL Zimt
1 TL Chiasamen

Zubereitung

1. Die Haferflocken in einen Topf geben, mit 150 Milliliter kochendem Wasser übergießen und 10 Minuten quellen lassen.
2. Die Banane schälen, in Scheiben schneiden und die Hälfte zum Garnieren beiseitestellen.
3. Die Pflanzenmilch, den Ahornsirup und die eine Hälfte der Banane in den Topf zu den Haferflocken geben und alles 5 bis 10 Minuten bei kleiner Hitze köcheln lassen.
4. Die Blaubeeren waschen und trocken tupfen. Den Porridge in Schüsseln geben, mit Zimt bestreuen und die restlichen Bananenscheiben, die Blaubeeren und die Chiasamen als Topping darauf anrichten.
5. Warm genießen und optional noch ein wenig Ahornsirup darüberträufeln.

46 – Beeren-Müsli ohne Müsli

Dieses Rezept ist schnell gemacht und schmeckt nicht nur zum Frühstück. Es kann auch ein wunderbar fruchtiger Nachtisch sein.

Zutaten (für 2 Portionen)

1 Handvoll frische Beeren (z. B. Himbeeren und Blaubeeren)
½–1 Mango
400 g Kokosjoghurt
2 TL Acai-Pulver

Zubereitung

1. Die Beeren waschen und beiseitestellen. Die Mango schälen, das Fruchtfleisch vom Kern schneiden und in Würfel schneiden.
2. Den Kokosjoghurt gleichmäßig auf zwei Schalen oder Gläser verteilen und mit den Beeren und den Mangowürfeln anrichten. Dann über jede Portion 1 bis 2 Teelöffel Acai-Pulver streuen.
3. Das Obst kann beliebig variiert werden, je nachdem, was Ihnen am besten schmeckt oder noch zu Hause vorrätig ist.

47 – Draculas Porridge

Als Graf Dracula anfing, sich vegan zu ernähren, entwickelte er dieses Rezept. Etwas zeitaufwändig, aber der Geschmack lebt ewig.

Zutaten (für 2 Portionen)

300 ml Hafermilch
300 ml Wasser
1 EL Ahornsirup
100 g zarte Haferflocken
1 Apfel
1 TL Zimt
½ Zitrone
150 g Himbeeren
2 EL gehackte Mandeln

Zubereitung

1. Die Hafermilch, das Wasser und den Ahornsirup in einem Topf aufkochen lassen und die Haferflocken hinzugeben. Die Hitze reduzieren und alles 2 bis 3 Minuten unter Rühren köcheln lassen.
2. Den Apfel waschen und auf einer Reibe grob raspeln. Den geraspelten Apfel, Zimt und Zitronensaft zu den Haferflocken in den Topf geben und 10 Minuten bei ganz kleiner Hitze quellen lassen.
3. Währenddessen die Himbeeren in einen weiteren Topf geben und mit ein wenig Wasser 2 bis 3 Minuten leicht erwärmen. Man kann die Himbeeren auch als Topping auf den Porridge geben, ohne sie vorher zu erwärmen. So bleiben die Vitamine und Nährstoffe komplett erhalten.
4. Den Porridge in zwei Schalen geben und mit den Himbeeren und den gehackten Mandeln toppen.

48 – Carlas Pekan-Schoko-Granola

Als wir das erste Mal dieses Granola gemacht haben, kam uns beim Probieren jemand zuvor: Carla, unser Labrador. Die immer hungrige Hundedame hatte sich Zugang zur Küche verschafft. Alles, was am Ende übrig blieb, waren ein paar verwischte Pfotenabdrücke auf dem Küchentresen und ein fast komplett leeres Backblech. Carla hat das noch warme Granola offensichtlich genossen und glücklicherweise den Verzehr von Schokolade unbeschadet überstanden (diese ist nämlich gefährlich für Hunde). Die Message: außerhalb der Reichweite von gierigen Hunden aufbewahren.

Zutaten (für 1 Backblech)

65 g Kokosöl
8 EL Ahornsirup
40 g Mandeln
120 g Pekannüsse
50 g Zartbitterschokolade (mind. 70 % Kakaoanteil)
175 g Haferflocken
2 EL Chiasamen
2 EL geschrotete Leinsamen
4 EL Rohkakaopulver

Zubereitung

1. Den Backofen auf 160 °C Ober-/Unterhitze vorheizen.
2. Das Kokosöl und den Ahornsirup in einem Topf bei schwacher Hitze unter Rühren erwärmen, bis sich die beiden Zutaten verbinden.
3. Die Mandeln, die Hälfte der Pekannüsse (die andere Hälfte kommt ganz in die Mischung) sowie die Zartbitterschokolade grob hacken und mit den übrigen trockenen Zutaten in einer großen Schüssel vermischen.
4. Das Kokosöl-Ahornsirup-Gemisch mit in die Schüssel geben, alle Zutaten gut miteinander vermengen und anschließend auf einem mit Backpapier ausgelegten Backblech verteilen.
5. Die Mischung 15 Minuten im Backofen backen. Das Granola nach Ende der Backzeit auf dem Blech auskühlen lassen. Anschließend vorsichtig auseinanderbrechen und in einem luftdicht verschließbaren Gefäß aufbewahren.

49 – Tommys Mandel-Zimt-Granola

Dieses Granola konnten wir glücklicherweise vor unserem Hund retten. Es ist ein idealer Allrounder als Topping für sämtliche Smoothie-Bowls oder Nice Creams oder als Snack für zwischendurch. Luftdicht verschlossen ist es mehrere Wochen haltbar.

Zutaten (für 1 Backblech)

90 g Kokosöl
150 g Ahornsirup
100 g Walnüsse
100 g Mandeln
400 g kernige Haferflocken
80 g Sonnenblumenkerne
2 EL Chiasamen
1–2 TL Zimt

Zubereitung

1. Den Backofen auf 160 °C Ober-/Unterhitze vorheizen.
2. Das Kokosöl und den Ahornsirup in einem Topf bei schwacher Hitze unter Rühren erwärmen, bis sie sich zu einer flüssigen Masse verbinden.
3. Walnüsse und Mandeln grob hacken und mit allen anderen trockenen Zutaten in einer großen Schüssel vermengen. Die Kokosöl-Ahornsirup-Mischung dazugeben und alles gut verrühren.
4. Die Granola-Masse auf ein mit Backpapier belegtes Backblech geben und etwa 20 Minuten auf mittlerer Schiene backen, bis es eine goldene Farbe hat. Zwischendrin das Müsli einmal auf dem Blech wenden.
5. Das Backblech aus dem Ofen nehmen und das Granola darauf vollständig auskühlen lassen (keine Hunde in der Nähe?). Anschließend in einem luftdichten Behälter aufbewahren.

50 – Power-Pudding

Sieht aus wie Froschlaich, schmeckt aber wahrscheinlich besser. Und in diesem Pudding stecken jede Menge Proteine, gute Omega-3-Fettsäuren und Spurenelemente. Mit diesem Frühstück hat man genug Energie, um zu Fuß die Anden zu überqueren.

Zutaten (für 2–3 Portionen)

500 ml Pflanzenmilch nach Wahl
1 EL Ahornsirup
6 EL Chiasamen
optional: 1 TL Zimt
2 Handvoll Beeren oder anderes Obst als Topping

Zubereitung

1. Alle Zutaten (bis auf das Obst) in einer Schale gut miteinander vermischen. Die Chia-Masse bis zur Hälfte in passende Gläser füllen und über Nacht oder mindestens 1 bis 2 Stunden abgedeckt in den Kühlschrank stellen, damit die Chiasamen quellen können und eine Puddingkonsistenz entsteht.
2. Kurz vor dem Servieren die Beeren waschen und als Topping auf den Pudding geben.
3. Dann voller Kraft zur Wandertour durch die Anden aufbrechen (optional).

51 – Saatenbrot

Das vermutlich Hautdiät-geeignetste Brot ever. Es ist glutenfrei, zuckerfrei und sojafrei. Die Nüsse und Kerne kannst du nach Belieben variieren. Für einen Italia Flair können optional italienische Kräuter oder getrocknete Tomaten in den Teig gegeben werden. Für eine süße Müsli-Brot-Variante können getrocknete Früchte wie zum Beispiel Cranberrys oder Feigen verwendet werden.

Zutaten (für 1 Kastenform)

280 g Haferflocken
80 g Sonnenblumenkerne
80 g Kürbiskerne
60 g Sesam
50 g Leinsaat
6 EL Chiasamen
2 TL Flohsamenschalen
1 ½ TL Salz
500 ml Wasser

Zubereitung

1. Alle Zutaten, bis auf das Wasser, in einer Küchenmaschine für wenige Sekunden leicht schreddern oder alternativ hacken. Das Gemisch in eine Schüssel füllen, das Wasser hinzugeben und 2 bis 3 Stunden oder über Nacht im Kühlschrank quellen lassen.
2. Den Backofen auf 180 °C Ober-/Unterhitze vorheizen und eine Kastenform mit Backpapier auskleiden.
3. Den Teig in die Form füllen, mit einem Spatel festdrücken und das Brot 70 bis 80 Minuten im Backofen backen.
4. Das Brot nach Ende der Backzeit aus dem Ofen nehmen und in der Form vollständig auskühlen lassen.
5. Es bietet sich an, das Brot vorsichtig in etwas dickere Scheiben zu schneiden, da es sonst leicht zerbröselt.

52 – Green Omelette

Mit so einem Omelette beeindruckt man sich selbst, die Familie oder Gäste zum Brunch. Es sieht aufwändig aus, ist aber super einfach und schnell zubereitet.

Zutaten

3 Handvoll Babyspinat
4 Eier
Himalaya-Salz
schwarzer Pfeffer
1 Avocado
1–2 Frühlingszwiebeln
½ Zitrone
3 EL Olivenöl
1–2 TL schwarzer Sesam
1 TL Tomatenflocken

Zubereitung

1. Den Spinat waschen und trocken schleudern. Die Eier in eine Schüssel aufschlagen, 2 Handvoll Spinat hinzugeben und mit einem Pürierstab pürieren. Mit etwas Salz und schwarzem Pfeffer würzen.
2. Die Avocado halbieren, vom Kern befreien und mit einem Löffel aus der Schale heben. Beide Hälften in dünne Scheiben schneiden und auf zwei Tellern anrichten. Daneben den restlichen Spinat verteilen. Die Frühlingszwiebeln waschen, in feine Ringe schneiden und beiseitestellen.
3. Die ½ Zitrone auspressen. 2 EL Olivenöl, den Saft der ½ Zitrone, etwas Salz und Pfeffer verrühren.
4. In einer großen Pfanne 1 EL Olivenöl erhitzen und die Eiermasse hineingeben. Das Omelette stocken lassen und, sobald es sich in der Pfanne bewegen lässt, vorsichtig wenden. Kurz auf der zweiten Seite garen.
5. Das Omelette auf Tellern anrichten und mit den Frühlingszwiebeln bestreuen. Das Zitronen-Olivenöl-Dressing über den übrigen Spinat und die Avocado geben und beides mit schwarzem Sesam und Tomatenflocken toppen.

53 – Saatenbrot mit Avo-Smash und gekochtem Ei

Ein klassisches herzhaftes Frühstück. Wer am Wochenende gesund, aber halbwegs »normal« frühstücken möchte, ist hiermit ideal versorgt.

Zutaten (für 1 Portion)

3 Scheiben Saatenbrot (alternativ ein anderes Vollkornbrot)
1 Ei
1 Avocado
1 Zitrone
Himalaya-Salz
schwarzer Pfeffer
frische Kresse als Topping
⅓ Salatgurke
optional: 1 TL schwarzer Sesam und ½ TL Tomatenflocken zum Bestreuen

Zubereitung

1. Die Brotscheiben toasten und abkühlen lassen.
2. Das Ei in einen Topf mit kochendem Wasser geben und für 6 ½ Minuten kochen, danach mit kaltem Wasser abschrecken.
3. Die Avocado halbieren, den Kern entfernen, das Fruchtfleisch herauslöffeln und in eine Schüssel geben. Den Saft der Zitrone pressen, zur Avocado geben, mit Salz und Pfeffer würzen und alles mit einer Gabel zu »Avo-Smash« zerdrücken.
4. Die Brotscheiben auf einen Teller legen, ordentlich mit der Avocado-Masse bestreichen und mit der Kresse und nach Wunsch mit schwarzem Sesam und Tomatenflocken bestreuen.
5. Die Gurke waschen, in Scheiben schneiden und neben den Broten anrichten, gegebenenfalls noch etwas salzen und pfeffern.
6. Das gekochte Ei in einen Eierbecher geben und dann das Frühstück genießen.

54 – Flamingo-Frühstück

Ähnlich wie die Brotscheiben mit Avo-Smash präsentieren wir auch hier eine gesunde und superschick aussehende Brot-Variante. Wir verwenden unseren selbst gemachten Pink Hummus als Aufstrich.

Zutaten (für 1 Portion)

2–3 Scheiben Saatenbrot (alternativ ein anderes Vollkornbrot)
1 kleine Möhre
4 EL Pink Hummus (S. 225)
Himalaya-Salz
schwarzer Pfeffer
Gartenkresse oder Alfalfa-Sprossen zum Garnieren

Zubereitung

1. Das Brot toasten und abkühlen lassen.
2. Währenddessen mithilfe eines Sparschälers dünne Streifen von der Möhre schälen.
3. Die Brotscheiben gleichmäßig mit Pink Hummus bestreichen und die Möhrenstreifen darauf verteilen.
4. Mit je 1 Prise Salz und Pfeffer würzen und mit der Kresse oder den Sprossen garnieren.

SALATE
&
BOWLS

55 – Bunter Orient-Salat

Wird im Orient-Express serviert und hoffentlich bald auch bei Ihnen zu Hause. Wir lieben die unterschiedlichen Farben und die verschiedenen Schritte der Zubereitung.

Zutaten (2 Portionen)

für den Salat:

1 Glas Kichererbsen
1 EL Olivenöl
Saft von ½ Zitrone
1 TL Currypulver
1 TL Kreuzkümmel
Himalaya-Salz
schwarzer Pfeffer
3–4 Handvoll Rucola
½ Gurke
1 Avocado
½ Granatapfel

für das Dressing

4 EL Olivenöl
1 Zitrone
2 TL Granatapfel-Balsam (aus dem Bioladen)
1 TL Ahornsirup
½ TL Harissa-Paste
Himalaya-Salz
schwarzer Pfeffer

Zubereitung

1. Den Backofen auf 200 °C Ober-/Unterhitze vorheizen.
2. Die Kichererbsen in ein Sieb geben und mit Wasser abspülen. Danach in eine große Auflaufform oder auf ein mit Backpapier belegtes Backblech geben und mit 1 EL Olivenöl, dem Saft von ½ Zitrone, Curry, Kreuzkümmel, etwas Salz und Pfeffer vermengen und circa 15 Minuten im Backofen rösten.
3. Währenddessen den Rucola waschen und trocken schleudern. Die Gurke waschen und in Streifen schälen oder in dünne Scheiben schneiden. Die Avocado vom Kern befreien, mit einem Löffel aus der Schale heben und in dünne Scheiben oder kleine Würfel schneiden.
4. Den Granatapfel halbieren und die Kerne heraustrennen. (*Tipp:* Eine Schale mit Wasser füllen und die Kerne unter Wasser heraustrennen, dann spritzt es nicht so.)
5. Für das Dressing alle Zutaten in eine kleine Schale geben und mit einem Schneebesen verrühren.
6. Alles auf einem Teller anrichten und mit dem Dressing beträufeln.

56 – Sommerliche Quinoa-Süßkartoffel-Bowl

Wer sich fragt, wo hier die Quinoa sein soll, stellt die richtige Frage. Die Antwort: Unten als Basis in der schönen Schüssel, auf dem Foto nur leider nicht zu sehen. Diese Bowl schmeckt unglaublich lecker und wir könnten sie dreimal pro Woche essen.

Zutaten (für 3–4 Portionen)

200 g Quinoa
3 kleine Süßkartoffeln
2 EL Olivenöl
1 EL Oregano
1 TL Himalaya-Salz
150 g Babyspinat
½ Granatapfel
1 Bund Frühlingszwiebeln
150 ml Dressing nach Wahl (Wir empfehlen unser dunkles Balsamico-Dressing, S. 245.)
1 Zitrone oder Limette

Zubereitung

1. Quinoa in einem Haarsieb gründlich mit heißem Wasser abspülen. In einen kleinen Topf geben und nach Packungsangabe kochen.
2. Den Backofen auf 200 °C Ober-/Unterhitze vorheizen.
3. Die Süßkartoffeln waschen oder schälen und in Würfel schneiden und mit Olivenöl, Oregano und dem Himalaya-Salz vermengen. Auf ein Backblech oder in eine Auflaufform geben und im Ofen etwa 20 bis 25 Minuten backen.
4. Währenddessen den Spinat waschen und trockenschleudern. Den Granatapfel halbieren und die Kerne heraustrennen. (*Tipp:* In einer Schüssel unter Wasser, dann spritzt es nicht so.) Die Frühlingszwiebeln waschen und in feine Ringe schneiden.
5. Das Dressing nach Rezept vorbereiten.
6. Sobald die Süßkartoffeln fertig sind, können alle Zutaten in einer großen Schüssel angerichtet und mit dem Dressing vermengt werden.
7. Mit Salz und Pfeffer abschmecken und ein wenig Zitrone oder Limette darüberträufeln.

57 – Göttliches grünes Hirse-Taboulé

Einfach probieren, es ist wirklich himmlisch! Nach dem Verzehr in der Mittagspause sollten Sie allerdings Ihr Lächeln vor einem Spiegel auf Petersilienstückchen zwischen den Zähnen überprüfen.

Zutaten (für 4 Portionen)

250 g feinkörnige Hirse
3–4 Bund glatte Petersilie
1 gelbe Paprika
2 Tomaten
½ Salatgurke
½ Bund Lauchzwiebeln
3–4 Limetten
3 EL Olivenöl
Himalaya-Salz
schwarzer Pfeffer

Zubereitung

1. Die Hirse wie auf der Packung beschrieben kochen und gut auskühlen lassen.
2. Die Petersilie und das Gemüse waschen. Die Paprika entkernen und in kleine, feine Würfel schneiden. Den grünen Strunk der Tomaten entfernen und die Tomaten ebenfalls in kleine Würfel schneiden. Die Gurke längs halbieren. Beide Hälften nochmals längs halbieren und in dünne Viertel schneiden. Die Frühlingszwiebeln fein hacken und zusammen mit dem restlichen Gemüse in einer Schüssel vermengen.
3. Den Saft der Limetten auspressen und mit dem Olivenöl und der abgekühlten Hirse zum Gemüse geben. Alles gut vermischen und mit Salz und Pfeffer würzen.

   Tipp: Das Hirse-Taboulé ist luftdicht verschlossen mehrere Tage im Kühlschrank haltbar. Außerdem eignet es sich perfekt zum Mitnehmen als Lunch oder zum Picknicken.

ENJOY

58 – Rote-Bete-Carpaccio

Dieses Rezept ist ideal für Angeber-Köche: fancy Optik und keine wirkliche Arbeit dahinter. Es eignet sich wunderbar für Büfetts oder als Beilage, wenn Gäste kommen.

Zutaten (für 1 Platte)

3–4 gekochte Rote Bete
Himalaya-Salz
schwarzer Pfeffer
Saft von 1 Zitrone
1 Orange
100 ml Dressing nach Wahl aus dem Kapitel »Dips & Dressings«, zum Beispiel Orangen-Cashew-Dressing (S. 243)
optional: frische Kresse zum Garnieren

Zubereitung

1. Die Rote Bete in dünne Scheiben schneiden und auf einer Platte anrichten. Mit Zitronensaft beträufeln und mit Salz und Pfeffer würzen.
2. Die Schale der Orangen entfernen, Filets aus dem Fruchtfleisch schneiden und auf der Roten Bete anrichten.
3. Das Dressing der Wahl nach Rezept zubereiten. Wir haben hier unser Orangen-Cashew-Dressing verwendet. Die Rote Bete mit dem Dressing beträufeln und zum Schluss mit Kresse bestreuen.

Tipp: Als Topping empfehlen wir gehackte Wal- oder Pekannüsse. Zusätzlich kann man frischen Meerrettich, einen Apfel und/oder eine Karotte über die Rote Bete reiben.

59 – Frischer Sommersalat

Schnell gemacht, leicht verdaut und gut für die Haut! Was ebenfalls gut daran ist: Dieser Salat kann nicht nur im Sommer gegessen werden, sondern lohnt sich zu allen Jahreszeiten als gesunde Hauptmahlzeit.

Zutaten (3–4 Portionen)

1 Kopfsalat
1 Salatgurke
1 Birne
½ Bund Radieschen
1 Avocado
100–150 ml Dressing aus dem Kapitel »Dips & Dressings«, zum Beispiel Classic Dressing (S. 238)
Himalaya-Salz
schwarzer Pfeffer
2 EL Sonnenblumenkerne
2 EL Kürbiskerne

Zubereitung

1. Zunächst den Salat waschen und trocken schleudern. Die Gurke, die Birne und die Radieschen waschen und in feine Scheiben oder Würfel schneiden. Die Avocado von Kern und Schale befreien und ebenfalls in Würfel schneiden. Alles in einer großen Schale anrichten.
2. Für das Dressing alle Zutaten in einer Schüssel mit einem Schneebesen verrühren und mit Himalaya-Salz und schwarzem Pfeffer abschmecken. Auch hier kann wieder jedes Dressing Ihrer Wahl verwendet werden.
3. Das Dressing über den Salat geben, alles miteinander vermengen und mit Sonnenblumen- und Kürbiskernen toppen.

60 – Roher Brokkoli-Salat mit Äpfeln und Pinienkernen

Diesen super erfrischenden Rohkostsalat können Sie sehr gut vorbereiten, weshalb er sich perfekt zum Mitnehmen eignet. Der Apfel verleiht dem Ganzen eine fruchtige Note und die leicht angerösteten Pinienkerne sorgen für den Extra-Crunch.

Zutaten (für 3 Portionen)

30 g Pinienkerne
300 g Brokkoli
1 rote Paprika
1 Apfel
1 Zitrone
25 g Olivenöl
15 g Balsamicoessig
1 EL Ahornsirup
2 TL Senf
1 TL Himalaya-Salz
schwarzer Pfeffer
optional: Granatapfelkerne als Topping

Zubereitung

1. Die Pinienkerne in einer kleinen Pfanne ohne Öl bei mittlerer Hitze unter regelmäßigem Schwenken leicht anrösten und beiseitestellen, sobald sie eine leichte Bräune haben.
2. Den Brokkoli waschen und in kleine Röschen schneiden. Die Paprika und den Apfel waschen, entkernen und ebenfalls in kleine Stücke schneiden.
3. Den Saft der Zitrone auspressen.
4. Alle Zutaten, bis auf Pinienkerne und Granatapfelkerne, in einen Mixer oder eine Küchenmaschine geben und 5 bis 10 Sekunden grob zerkleinern. Abschmecken und gegebenenfalls mit Himalaya-Salz oder schwarzem Pfeffer nachwürzen.
5. Den Salat in Schalen füllen und mit den Pinien- und Granatapfelkernen toppen.

61 – Mixed Ringelbete-Carpaccio

Wir lieben Ringelbete, nicht nur wegen ihrer super dekorativen Optik, sondern auch wegen ihres feinen Geschmacks. Ringelbete und Gelbe Bete sind im Geschmack etwas milder und weniger erdig als Rote Bete. In diesem Rezept verwenden wir beide Varianten roh, allerdings kann man sie auch garen – zum Beispiel als schickes Ofengemüse. Sie sind nicht in jedem Supermarkt zu finden, aber häufig in Bioläden oder auf dem Wochenmarkt.

Zutaten (für 1 große Platte)

1 Ringelbete
1 Gelbe Bete
1 Limette
2–3 frische Feigen
2 EL Olivenöl oder Kürbiskernöl
Himalaya-Salz
schwarzer Pfeffer
frische Kresse als Topping

Zubereitung

1. Die Ringelbete und Gelbe Bete mit einem Sparschäler schälen und mit Wasser abspülen (alternativ gründlich waschen und mit Schale verzehren).
2. Die beiden Knollen mit einem Gemüsehobel in hauchdünne Scheiben hobeln und diese auf einer großen Platte abwechselnd anrichten. Wer keinen Gemüsehobel besitzt, kann die Bete mit einem Sparschäler, einem Messer oder einer Schneidemaschine in möglichst dünne Scheiben schneiden.
3. Den Saft der Limette auspressen.
4. Die Feigen waschen und je nach Größe vierteln oder achteln und gleichmäßig auf dem Bete-Carpaccio verteilen. Anschließend alles mit dem Oliven- oder Kürbiskernöl und dem Limettensaft beträufeln, mit Himalaya-Salz und schwarzem Pfeffer würzen und mit der Gartenkresse toppen.

62 – Nordischer Gurkensalat

Nicht zwangsläufig aus dem Norden, sondern einfach, weil sich »nordischer Gurkensalat« echt gut anhört. Darf und soll selbstverständlich überall auf der Welt verzehrt werden. Perfekt als leichter, hydrierender Snack im Sommer oder als Beilagensalat.

Zutaten (für 2 Portionen)

1 ½ Salatgurken
½ Bund Dill oder 2 EL TK-Dill
3 EL Olivenöl
1 ½ EL Apfelessig
1 TL Senf
1 TL Ahornsirup
1 TL stilles Wasser
Himalaya-Salz
schwarzer Pfeffer
optional: 1 EL Hafersahne für das Dressing
optional: Sprossenmix als Topping

Zubereitung

1. Die Gurken waschen oder schälen (wir empfehlen Ihnen, Bio-Gurken zu nehmen und die Schale dranzulassen) und in dünne Scheiben hobeln oder schneiden. Die Gurken in eine geeignete Schüssel geben.
2. Den Dill waschen, fein hacken und zu den Gurken geben.
3. Für das Dressing alle anderen Zutaten (gegebenenfalls plus Hafersahne) mit einem Schneebesen gut miteinander verrühren, bis eine gleichmäßige Vinaigrette entsteht. Mit Himalaya-Salz und schwarzem Pfeffer abschmecken.
4. Gurken und Dressing in einer Schale vermengen und optional mit Sprossen garnieren.

63 – Orientalischer Blumenkohlsalat

Der aromatische Salat mit gebackenem Blumenkohl eignet sich optimal für ein sommerliches Gartenfest oder andere Feierlichkeiten. Damit können Sie sich ein kleines bisschen Orient-Feeling nach Hause holen.

Zutaten (für 3 Portionen)

2 Orangen
2 Zitronen
1 Blumenkohl
3 EL Olivenöl
2 TL Kreuzkümmel
1 Bund glatte Petersilie
½ Granatapfel
1 Knoblauchzehe
Himalaya-Salz
schwarzer Pfeffer

Zubereitung

1. Den Backofen auf 180 °C Ober-/Unterhitze vorheizen.
2. Die Orangen und die Zitronen auspressen und den Saft beiseitestellen.
3. Den Blumenkohl klein schneiden, waschen und trocken tupfen. Mit der Hälfte des Zitronensaftes, 1 EL Olivenöl, 1 TL Kreuzkümmel und etwas Salz auf einem Backblech vermengen. Ca. 20 Minuten im Ofen backen.
4. Petersilie waschen, die Blätter abzupfen und auf einer Platte anrichten..
5. Den Granatapfel halbieren und die Kerne heraustrennen (am besten in einer Schüssel mit Wasser, damit es nicht so spritzt).
6. Für das Dressing den Knoblauch pressen. Den Saft von 2 Orangen und 1 Zitrone, 2 EL Olivenöl, 1 TL Kreuzkümmel und den gepressten Knoblauch mit einem Schneebesen gut verrühren, bis sie sich zu einem Dressing verbinden.
7. Den Blumenkohl aus dem Ofen nehmen, auf der Petersilie anrichten, mit Granatapfelkernen toppen und mit dem Dressing beträufeln.

64 – Green-Garden-Salat

Diese Salatvariante ist entstanden, nachdem wir alles Mögliche aus unserem Garten geerntet hatten und schauen wollten, wie wir es verwerten. Erstaunlich lecker und 100 Prozent gesund.

Zutaten (für 2 Portionen)

1 Brokkoli
200 g Pflücksalat
2 Frühlingszwiebeln
1 Salatgurke
1 Limette
½ Portion Balsamico-Dressing (S. 245)
Himalaya-Salz
schwarzer Pfeffer

Zubereitung

1. Zunächst den Brokkoli waschen, in kleine Röschen schneiden, in einen Dampfgarer geben und für einige Minuten bissfest garen. (Alternativ kann man den Brokkoli auch in wenig Wasser kochen.) Danach kurz abkühlen lassen vor dem Servieren.
2. Den Salat waschen und trocken schleudern. Die Frühlingszwiebeln waschen und in feine Ringe schneiden. Die Gurke waschen oder schälen und in dünne Halbmonde oder Viertel schneiden.
3. Den Saft der Limette auspressen und beiseitestellen.
4. Das Dressing nach Rezept zubereiten und mit Himalaya-Salz und schwarzem Pfeffer abschmecken.
5. Den Salat, die Gurkenscheiben und die Frühlingszwiebeln auf einer großen Platte anrichten und mit den Brokkoli-Röschen garnieren. Alles mit Balsamico-Dressing und Limettensaft beträufeln.

65 – Royal Coleslaw

Lila, knackig, frisch und roh: Dieser Salat ist perfekt für Rohkostfreunde und eignet sich wunderbar als Beilage zu anderen Hauptgerichten oder als Mitbringsel für ein Büffet, z. B. wenn man mal zur Gartenparty von King Charles III. eingeladen wird.

Zutaten (für 3–4 Portionen)

100 g Cashewkerne
½ Kopf Rotkohl
½ Kopf Weißkohl
1 Zitrone
2 Orangen
1 Knoblauchzehe
80 g Olivenöl
1 EL Ahornsirup
Himalaya-Salz
schwarzer Pfeffer

Zubereitung

1. Wichtig: Die Cashewkerne vorab in einer Schüssel mit Wasser übergießen und mindestens 30 Minuten einweichen lassen.
2. Den Rot- und Weißkohl fein hobeln oder mit einem Messer in ganz dünne Streifen schneiden und in eine Schüssel geben.
3. Für das Dressing: Das Wasser der Cashewkerne abgießen. Den Saft der Zitrone und der Orangen auspressen. Im Anschluss die Cashews zusammen mit den Zitrussäften und allen weiteren Dressing-Zutaten in einen Mixer geben oder mit einem Stabmixer etwa 1 Minute pürieren, bis eine cremige und gleichmäßige Masse entstanden ist.
4. Das Dressing über den Krautsalat geben, unterheben und fertig ist der Royal Coleslaw.

66 – Gelber Gurkensalat Asia-Style

Dieser Gurkensalat schmeckt unglaublich gut und exotisch. Eine willkommene Alternative zu klassischen Gurkensalat-Varianten.

Zutaten (für 3–4 Portionen)

1 ½ Salatgurken
½ rote Chilischote
1 reife Mango
1 Limette
1 EL Sojasauce
Himalaya-Salz
schwarzer Pfeffer
Sesamsamen

Zubereitung

1. Die Gurken waschen, mit einem Sparschäler in lange Streifen schälen und in eine Schale geben. Das wässrige Innere der Gurke entweder nebenher snacken oder in Scheibchen schneiden und dazugeben.
2. Die Chilischote waschen und in feine Ringe schneiden. Die Mango schälen und das Fruchtfleisch in kleine Stücke schneiden. Beides zu den Gurken in die Schüssel geben.
3. Den Saft der Limette auspressen und zusammen mit 1 EL Sojasauce über den Salat gießen.
4. Alles gut vermengen, mit je 1 Prise Salz und schwarzem Pfeffer abschmecken und zum Schluss mit den Sesamsamen toppen.

67 – Der beste Kartoffelsalat der Welt

Felix machte diesen Kartoffelsalat eines Tages freestyle, also ohne Rezept, für seine Freundin. Die war so begeistert von dem Geschmack, dass sie den Kartoffelsalat fortan wöchentlich einforderte. Freunde und Familie, die auch in den Genuss kamen, baten ständig nach dem Rezept, um es nachzukochen – und so wurde dieses Rezept geboren.

Zutaten (für 3–4 Portionen)

850 g Kartoffeln
Himalaya-Salz
1 große rote Zwiebel
2 Zitronen
4 EL Olivenöl
30 g TK-Schnittlauch
schwarzer Pfeffer
2 Snack-Gurken (alternativ ½ Salatgurke)
2 Handvoll bunte Cherry-Tomaten

Zubereitung

1. Die Kartoffeln schälen, halbieren und in circa 0,5 Zentimeter dicke Halbmonde schneiden. Dann in einem Topf mit gesalzenem Wasser garen und anschließend in ein Nudelsieb abgießen.
2. Die Zwiebel schälen, halbieren und in feine halbe Ringe schneiden.
3. Den Saft der Zitronen auspressen und mit Olivenöl, Schnittlauch, den geschnittenen Zwiebeln, Salz und Pfeffer in einer großen Schüssel zu einem Dressing verrühren.
4. Die Snack-Gurken mit einem Sparschäler in dünne Scheiben oder Streifen schneiden, dabei das Innere, also den wässrigen Teil der Gurke, entfernen. Die Tomaten achteln.
5. Gurke und Tomaten mit dem Dressing vermischen und anschließend die noch warmen Kartoffelscheiben ebenfalls in die Schüssel geben. Mit einem großen Löffel alles vorsichtig vermischen. Gerne lauwarm servieren.

HAUPT-
GERICHTE

68 – Gebackene Wüsten-Falafel

Diese Falafel-Variante wird im Ofen gebacken und nicht frittiert. Die Bällchen sehen deshalb von außen etwas trocken aus, weshalb wir ihnen diesen Namen gegeben haben. Das klingt zugegebenermaßen nicht sonderlich appetitlich, aber sie sind es. Wer sie zum Beispiel mit dem veganen Kräuterquark aus dem Kapitel »Dips & Dressings« probiert, wird es nicht bereuen.

Zutaten (für 22 Falafel)

60 g Haferflocken
1 Zitrone
440 g Kichererbsen (Abtropfgewicht)
1 Bund glatte Petersilie
2 TL Kreuzkümmel, gemahlen
2–3 Knoblauchzehen
1 EL Olivenöl + 2 EL Olivenöl zum Bestreichen
1–2 TL Himalaya-Salz

Zubereitung

1. Den Backofen auf 200 °C Ober-/Unterhitze vorheizen.
2. Die Haferflocken in einem Mixer zu feinem Mehl zerkleinern. Das Hafermehl anschließend in eine kleine Schüssel füllen und beiseitestellen.
3. Die Zitrone auspressen.
4. Die Kichererbsen in ein Sieb geben und mit klarem Wasser abspülen. Die Petersilie waschen, fein hacken und in den Mixer geben. Kreuzkümmel, Zitronensaft, geschälten Knoblauch, 1 EL Olivenöl und Salz hinzugeben und alles zusammen zerkleinern.
5. Nun die Kichererbsen und die gemahlenen Haferflocken ebenfalls in den Mixer füllen und alles mixen, bis ein glatter Teig entsteht.
6. Den Teig mit feuchten Händen zu kleinen Bällchen formen (22 Stück) und auf ein mit Backpapier belegtes Backblech legen. Die Falafel von allen Seiten mit Olivenöl bestreichen und 10 Minuten im vorgeheizten Backofen backen. Dann vorsichtig wenden und weitere 15 Minuten backen. Abgekühlt servieren.

69 – Orientalische Pastinaken-Pommes

Die etwas anderen Pommes. Kreuzkümmel sorgt hier für das besondere Aroma. Wer sich nicht nur geschmackliche, sondern auch farbliche Abwechslung wünscht, kann einen Teil der Pastinaken durch orange oder lila Möhren ersetzen.

Nicht wundern oder verunsichern lassen, wenn diese Pommes im Ofen etwas säuerlich riechen – sie schmecken großartig!

Zutaten (für 2–3 Portionen)

4–6 Pastinaken (je nach Größe)
1–2 Möhren
1 ½ EL Olivenöl
1 EL gemahlener Kreuzkümmel
Himalaya-Salz
schwarzer Pfeffer
glatte Petersilie als Topping

Zubereitung

1. Den Backofen auf 200 Grad Ober-/Unterhitze vorheizen.
2. Die Pastinaken und die Möhren waschen oder schälen und in Pommes-Stäbchen schneiden.
3. In einer Schüssel Pastinaken- und Möhrenstäbchen, Olivenöl, Kreuzkümmel, Himalaya-Salz und den schwarzen Pfeffer gut vermengen.
4. Die Stäbchen auf ein mit Backpapier belegtes Backblech geben und so verteilen, dass sie sich möglichst nicht berühren.
5. Je nach Dicke der Pommes 20 – 30 Minuten im Backofen backen, dabei immer wieder ein Auge darauf haben und 2- bis 3-mal kurz die Ofentür öffnen, um Dampf entweichen zu lassen.
6. Währenddessen die Petersilie waschen, trocken tupfen und grob hacken. Nach Ende der Backzeit die Petersilie über die Pommes streuen.

Tipp: Unbedingt mit unserem veganen Kräuterquark-Dip (S. 233) servieren!

70 – Vegane Linsen-Bolo mit Zoodles

Wir finden diese Linsen-Bolognese schon extrem gut. Aber als unser Kameramann Moritz nach dem Shooting für dieses Foto die Bolognese probiert hat und meinte, das sei das Beste, was er JEMALS in seinem Leben gegessen habe, waren wir doch überrascht. Jetzt sind Sie dran mit Ihrer Bewertung!

Zutaten (für 4–5 Portionen)

2 Möhren
2 Zwiebeln
½ Knollensellerie
2 Knoblauchzehen
1–2 EL Oregano
1 EL Thymian
2 Zweige Rosmarin
3 EL Olivenöl
2 EL Tomatenmark
250 ml Rotwein
600 g passierte Tomaten
400 ml Gemüsefond
4–5 Zucchini
100 g rote Linsen
3 EL Balsamicoessig
1 EL Ahornsirup
1–2 EL Himalaya-Salz
schwarzer Pfeffer
optional: frisches Basilikum als Topping

Zubereitung

1. Möhren, Zwiebeln, Sellerie und Knoblauch schälen. Den Knoblauch hacken und Karotten, Zwiebeln und Sellerie in sehr kleine Würfel schneiden. Kräuterblättchen abzupfen und fein hacken.
2. Das Olivenöl in einem großen Topf erhitzen und Gemüsewürfel und Knoblauch mit dem Tomatenmark 2 bis 4 Minuten anrösten. Mit Rotwein ablöschen und kurz aufkochen lassen.
3. Passierte Tomaten, Gemüsefond und Kräuter hinzufügen und erneut kurz aufkochen lassen. Bei mittlerer Hitze etwa 35 Minuten köcheln.
4. Währenddessen die Zucchini waschen, die Enden entfernen und die Zucchini mit einem Spiralschneider oder Sparschäler zu Zoodles verarbeiten.
5. Die Linsen in einem Sieb mit Wasser abspülen. Dann zu der Sauce geben und alles bei mittlerer Hitze weitere 10 Minuten köcheln lassen.
6. Die Bolognese mit Balsamicoessig, Ahornsirup, Salz und Pfeffer abschmecken. Die Zoodles in Salzwasser 30 bis 60 Sekunden bissfest garen oder roh verwenden und mit der Bolognese servieren. Nach Belieben mit frischem Basilikum garnieren.

71 – Grüne Glasnudel-Bowl

Die Glasnudel-Bowl lässt sich gut vorbereiten und als Meal-Prep zur Arbeit, in die Schule oder an die Uni mitnehmen. Leicht und super lecker!

Zutaten (für 4 Portionen)

200 g Glasnudeln
1 Salatgurke
1 rote Paprika
1 rote Chilischote
1 Bund glatte Petersilie
1 daumengroßes Stück Ingwer
1 Knoblauchzehe
2 Limetten
4 EL Sojasauce
1 EL Olivenöl
Himalaya-Salz
schwarzer Pfeffer
optional: Erdnüsse

Zubereitung

1. Die Glasnudeln in einen Topf geben, mit kochendem Wasser übergießen und 8 bis 10 Minuten ziehen lassen beziehungsweise nach Packungsangabe garen.
2. Währenddessen die Gurke und die Paprika waschen und in kleine Stücke schneiden. Die Chilischote waschen und in feine Ringe schneiden. Die Petersilie waschen, die Blätter von den Stängeln zupfen und fein hacken.
3. Ingwer und Knoblauch schälen und ebenfalls fein hacken.
4. Die Limetten auspressen.
5. Alle Zutaten, bis auf die Glasnudeln, in eine Schüssel geben. Die Sojasauce, das Olivenöl und den Saft der Limetten hinzugeben und alles vermengen.
6. Die Glasnudeln in einem Sieb abtropfen und kurz etwas abkühlen lassen. Dann zu den restlichen Zutaten geben, unterheben und mit Salz und Pfeffer abschmecken. Optional mit ein paar Erdnüssen toppen.

72 – Bimi auf Süßkartoffelpüree

Bimi, auch Broccolini oder Babybrokkoli genannt, ist die edlere Version des klassischen Brokkoli. Bimi ist nicht immer erhältlich, Sie können ihn bei diesem Gericht aber problemlos durch Brokkoli oder grünen Spargel ersetzen. Wenn Sie ihn jedoch entdecken, sollten Sie unbedingt zugreifen.

Zutaten (für 3–4 Portionen)

1 kg Süßkartoffeln
1 Handvoll Cherry-Tomaten
400 g Bimi (alternativ klassischer Brokkoli)
2 Knoblauchzehen
8 EL Olivenöl
1 TL Paprikapulver edelsüß
1 Glas Kichererbsen (Abtropfgewicht 220 g)
Himalaya-Salz
schwarzer Pfeffer
optional: der Saft von 1 Zitrone zum Beträufeln
optional: 1 Prise gemahlener Chili

Zubereitung

1. Die Süßkartoffeln schälen, würfeln und in einem Topf mit Wasser bedecken. Abgedeckt aufkochen lassen, 1 Prise Salz hinzugeben und 15 bis 20 Minuten bei mittlerer Hitze köcheln lassen.
2. Die Cherry-Tomaten waschen und halbieren. Bimi waschen, Stielenden abschneiden. Den Knoblauch schälen, fein hacken und mit 6 EL Öl und dem Paprikapulver zu einer Marinade verrühren..
3. Die Kichererbsen in ein Sieb abgießen und mit Wasser abspülen. Die Kichererbsen und den Bimi mit der Gewürzmarinade vermengen.
4. Eine große Pfanne erhitzen, die Kicherebsen-Bimi-Mischung hineingeben und 8 bis 10 Minuten gar dünsten. Mit Salz und Pfeffer würzen.
5. Die Süßkartoffeln abgießen, mit Salz und Pfeffer würzen und 2 EL Öl hinzugeben. Mit einem Kartoffelstampfer zerdrücken und optional mit 1 Prise Chili und/oder Zitronensaft verfeinern.
6. Süßkartoffel-Stampf auf Tellern verteilen und mit der Bimi-Kichererbsen-Mischung und den Cherry-Tomaten anrichten.

73 – Kicherndes Brokkoli-Curry

Wenn man beim Kochen ein Kichern hört, nicht wundern oder an Geister denken. In der Regel sind es nur die Kichererbsen, die in diesem Rezept ihren Spaß haben. Wir hatten auch jede Menge Spaß, es zu kochen, und hoffen, dass es viele hungrige Mägen füllt.

Zutaten (für 4 Portionen)

1 Brokkoli
1 Zwiebel
1 Knoblauchzehe
1 Bund Frühlingszwiebeln
1 EL Tomatenmark
2 EL Currypulver
1 TL Kurkuma
Cayennepfeffer
1 TL Kreuzkümmel
1 Dose Kokosmilch (400 ml)
400 ml Wasser
200 g breite Reisnudeln
1 Glas Kichererbsen (Abtropfgewicht 220 g)
50 g Erdnüsse
1–2 TL Himalaya-Salz
schwarzer Pfeffer

Zubereitung

1. Den Brokkoli waschen und in Röschen schneiden. Die Zwiebel schälen und achteln. Den Knoblauch schälen und fein hacken. Die Frühlingszwiebeln putzen und in Ringe schneiden.
2. In einer großen Wok-Pfanne Tomatenmark, Currypulver, Kurkuma, Cayennepfeffer und Kreuzkümmel 1 bis 2 Minuten anrösten. Dann die Kokosmilch und 400 Milliliter Wasser hinzugeben und kurz aufkochen lassen. Rühren, bis sich alle Zutaten gut vermischt haben.
3. Knoblauch, Zwiebeln und Brokkoli hinzugeben und bei mittlerer Hitze 10 Minuten köcheln lassen. Je nach Größe der Brokkoli-Röschen kann die Garzeit variieren. Für den »Härtetest« einfach mit einer Gabel hineinstechen.
4. Währenddessen die Reisnudeln nach der Angabe auf der Verpackung garen.
5. Die Kichererbsen in einem Sieb mit Wasser abspülen, zum Curry geben und weitere 5 Minuten bei mittlerer Hitze köcheln lassen. Alles mit Salz und Pfeffer abschmecken.
6. Curry und Reisnudeln in Schalen anrichten und mit Frühlingszwiebeln und Erdnüssen garnieren.

74 – Süßkartoffel-Pommes

Diese Pommes sind ein echter Klassiker und eine tolle Beilage für alle möglichen Gerichte.

Zutaten (für 1 Backblech)

2 mittelgroße Süßkartoffeln
1 Knoblauchzehe
2 EL Olivenöl
1 TL Thymian
Himalaya-Salz
optional: gemahlene Chiliflocken

Zubereitung

1. Den Backofen auf 180 °C Ober-/Unterhitze vorheizen.
2. Die Süßkartoffeln gründlich waschen oder schälen und in Pommes schneiden. Anschließend unter laufendem Wasser abwaschen, um die überschüssige Stärke zu entfernen. Den Knoblauch schälen und fein hacken.
3. Süßkartoffeln und Knoblauch zusammen mit den restlichen Zutaten in einer großen Schüssel vermengen und auf ein mit Backpapier belegtes Backblech geben. Dabei darauf achten, dass sich die Süßkartoffeln möglichst wenig berühren. So werden sie knuspriger.
4. Das Blech in den Ofen schieben und 15 Minuten auf der mittleren Schiene backen.
5. Dann die Pommes wenden und einen Holzkochlöffel in die Backofentür klemmen, damit überschüssiger Dampf entweichen kann und die Pommes schön kross werden.
6. Die Pommes weitere 15 bis 20 Minuten backen und gelegentlich wenden.
7. Die fertigen Pommes 3 bis 4 Minuten auf dem heißen Blech ausdampfen lassen, gegebenenfalls erneut salzen und dann genießen.

75 – Zoodles mit cremigem Cashew-Pesto

Dieses Gericht sollte man unbedingt roh essen und nicht erhitzen. Wir haben es ausprobiert, damit ihr es nicht tun müsst, und mussten feststellen: Warme Avocado schmeckt gar nicht gut. Kalt ist dieses Gericht hingegen ganz wunderbar.

Zutaten (für 2 Portionen)

1 ½ Zitronen
1 reife Avocado
1 Knoblauchzehe
50 g Cashewkerne
1 Topf frisches Basilikum
3 EL Wasser
Himalaya-Salz
schwarzer Pfeffer
1–2 Zucchini für die Zoodles

Zubereitung

1. Den Saft der Zitronen auspressen. Die Avocado von ihrem Kern und ihrer Schale befreien. Knoblauch schälen und die Blätter vom Basilikum abzupfen.
2. Alle Zutaten (bis auf die Zucchini) in einen passenden Behälter geben und mit einem Pürierstab pürieren, bis ein cremiges Pesto beziehungsweise eine Guacamole entsteht.
3. Die Zucchini waschen, die Enden abschneiden und die Zucchini mithilfe eines Spiralschneiders zu »Zoodles« verarbeiten.
4. Die rohen Zucchini-Nudeln auf Tellern anrichten, einen Klecks Pesto dazugeben und gegebenenfalls mit Himalaya-Salz und schwarzem Pfeffer nachwürzen.

76 – Buntes Ofengemüse

Ofengemüse ist ein echter Klassiker und super gesund. Selbstverständlich können die einzelnen Gemüsekomponenten variiert und ausgetauscht werden – ganz und nach Saison und persönlichen Vorlieben.

Zutaten (für 4 Portionen)

1 Zucchini
1 rote Paprika
1 Fenchelknolle
4 große Möhren
1 Süßkartoffel
4 Zwiebeln
1–2 Handvoll Champignons
1 Zitrone
4 EL Olivenöl
1 EL Oregano
1 EL Thymian
Himalaya-Salz
schwarzer Pfeffer

Zubereitung

1. Den Backofen auf 200 °C Ober-/Unterhitze vorheizen.
2. Das Gemüse waschen und je nach Größe in Stücke, Würfel oder Scheiben schneiden.
3. Die Zitrone auspressen.
4. Gemüse in eine Auflaufform geben, mit dem Olivenöl, dem Zitronensaft, den Kräutern, Salz und Pfeffer vermengen und dann 30 bis 40 Minuten im Ofen backen. Zwischendurch noch einmal durchmengen.

Tipp: Dazu gekochte Hirse und einen Kräuter-Dip servieren.

77 – Zucchini mit Linsen-Crumble auf Limetten-Kokos-Sauce

Dieses Gericht ist genial! Die Linsen sind wunderbar würzig und peppen die Zucchini extrem auf. Die Kombination der in diesem Gericht verwendeten Zutaten bietet ein ganz neues Geschmackserlebnis.

Zutaten (für 2–3 Portionen)

2–3 Zucchini
Himalaya-Salz
schwarzer Pfeffer
250 g braune Linsen, vorgekocht
1 Handvoll Champignons
2 Knoblauchzehen
1 Limette
2 EL Olivenöl
2 EL Tomatenmark
2 EL Sojasauce
1 EL Senf
1 kleine Handvoll Walnüsse
2 TL Currypulver
400 ml Kokosmilch

Zubereitung

1. Den Backofen auf 200 °C Ober-/Unterhitze vorheizen.
2. Die Zucchini längs halbieren und das Innere mit einem Löffel herauskratzen. Die ausgehöhlten Zucchini in eine Auflaufform legen, innen mit Salz und Pfeffer würzen und für 10 Minuten im Ofen garen.
3. Währenddessen die Linsen in ein Sieb geben und mit Wasser abspülen. Die Champignons in kleine Würfel schneiden. Den Knoblauch schälen und hacken. Die Limette auspressen.
4. 1 EL Öl in einer großen Pfanne erhitzen. Dann die Linsen zusammen mit den Champignons und der Hälfte des Knoblauchs in die Pfanne geben und andünsten.
5. 1 EL Tomatenmark, 2 EL Sojasauce und 1 EL Senf dazugeben und 1 bis 2 Minuten anrösten.
6. Die Walnüsse hacken und nach 2 bis 3 Minuten dazugeben. Anschließend die Linsenmasse mit je 1 Prise Salz und Pfeffer würzen.

7. In einem kleinen Topf 1 EL Öl erhitzen, den restlichen Knoblauch, 1 EL Tomatenmark und das Currypulver dazugeben, kurz anrösten und anschließend mit der Kokosmilch dem Limettensaft ablöschen. Mit Himalaya-Salz und schwarzem Pfeffer abschmecken.
8. Die Zucchini mit der Linsenmischung füllen, die Sauce auf den Boden der Form gießen und alles 15 Minuten im Ofen backen. Warm servieren.

78 – Zoodles à la Oma Herrmann

Das Rezept für die Sauce haben wir von unserer Oma geklaut, die es wiederum vom Fernsehkoch Alexander Herrmann geklaut hat. Die Sauce passt zu nahezu jedem gekochten Gemüse und zu Hirse, Quinoa und Co.

Zutaten (für 2 Portionen)

1 rote Paprika
3 große Tomaten
2 Knoblauchzehen
1 Zwiebel
1 EL Oregano
1 EL Thymian
2–3 EL Olivenöl
Himalaya-Salz
schwarzer Pfeffer
2–3 Zucchini (für die Zoodles)

Zubereitung

1. Den Backofen auf 200 °C Ober-/Unterhitze vorheizen.
2. Die Paprika waschen, den Strunk und die Kerne entfernen und die Paprika in kleine Stücke schneiden. Die Tomaten waschen und halbieren. Die Knoblauchzehen schälen und ebenfalls halbieren. Die Zwiebel schälen und vierteln.
3. Den Boden einer mittelgroßen Auflaufform mit den Kräutern bestreuen. Paprika, Tomaten, Zwiebeln und Knoblauch darauf verteilen, mit Olivenöl beträufeln, vermengen und mit Himalaya-Salz und schwarzem Pfeffer würzen. Alles für 20 Minuten in den Ofen geben.
4. Währenddessen die Zucchini waschen und mit einem Spiralschneider zu Zoodles verarbeiten. (Alternativ mit einem Sparschäler in breite »Bandnudeln« schälen.) Ausreichend Wasser mit 1 Prise Salz in einem Topf zum Kochen bringen und die Zoodles 1 bis 2 Minuten darin garen.
5. Sobald das Gemüse fertig ist, alles fein pürieren und auf die Zoodles geben.

79 – Buddhas Böhnchen-Curry

Der Legende nach wurde der Buddha nur dann aggressiv, wenn ihm jemand sein Curry weggegessen hatte. Dieses wärmende Gemüse-Curry mit grünen Bohnen, Möhren und Zucchini in einer herzhaften Kokosmilch-Sauce war eines seiner liebsten. Wer eine Beilage dazuhaben möchte, kann Glasnudeln, Süßkartoffeln oder Reis nehmen.

Zutaten (für 2–3 Portionen)

1–2 Handvoll grüne Bohnen
1 Zucchini
2 große Möhren
1 Knoblauchzehe
2 EL Olivenöl
1 EL Tomatenmark
2 TL Currypulver
1 TL gemahlener Kreuzkümmel
1 Dose Kokosmilch (440 ml)
Himalaya-Salz
schwarzer Pfeffer
optional: Beilage nach Wahl (z. B. Reis oder Reisnudeln)

Zubereitung

1. Die grünen Bohnen und die Zucchini waschen, die Möhren und den Knoblauch schälen. Die Enden der grünen Bohnen entfernen. Die Zucchini und die Möhren in dünne Scheiben oder Halbmonde schneiden. Den Knoblauch fein hacken.
2. In einer Wok-Pfanne oder einem großen Topf Olivenöl, Knoblauch, Tomatenmark, Currypulver und Kreuzkümmel erhitzen und kurz andünsten. Nach 1 bis 2 Minuten die Kokosmilch darübergeben und aufkochen lassen. Rühren, bis sich alle Zutaten gut miteinander vermischt haben.
3. Nun die grünen Bohnen hinzugeben. Nach 2 Minuten die Möhren dazugeben und alles bei mittlerer bis niedriger Hitze köcheln lassen. Nach weiteren 2 bis 3 Minuten auch die Zucchini hinzugeben und das Gemüse anschließend 10 bis 15 Minuten mit schräg gestelltem Deckel bei mittlerer bis niedriger Temperatur garen.
4. Wer Reis oder Reisnudeln als Beilage wählt, kann diese währenddessen zubereiten.
5. Das Curry zum Schluss mit Himalaya-Salz und schwarzem Pfeffer abschmecken, optional 5 Minuten meditieren und es dann genießen.

80 – Kartoffel-Pü mit Pilzen und Erbsen

Eine kleine Reise in die Kindheit gefällig? Wer hat nicht früher als Kind hin und wieder Erbsen und Kartoffelpüree aufgetischt bekommen? Wir lassen diesen Klassiker hier wieder aufleben, aber anstatt Fischstäbchen servieren wir lieber frische gebratene Pilze.

Zutaten (für 2–3 Portionen)

500 g Kartoffeln
300 g braune Champignons
3 EL Olivenöl
2 EL Sojasauce
Himalaya-Salz
schwarzer Pfeffer
400 g TK-Erbsen
3–4 EL Pflanzenmilch
Muskat

Zubereitung

1. Die Kartoffeln schälen, in Würfel schneiden und in einem Topf mit Salzwasser gar kochen.
2. Währenddessen die Pilze in ½ – 1 Zentimeter dicke Scheiben schneiden. 1 EL Öl in einer Pfanne erhitzen, die Pilze hinzugeben und für 2 bis 3 Minuten unter Wenden bei hoher Hitze anbraten. Dann die Hitze reduzieren und die Champignons weitere 3 bis 4 Minuten garen. Zum Schluss mit der Sojasauce ablöschen und mit Himalaya-Salz und schwarzem Pfeffer würzen.
3. Die Erbsen in einen Topf geben, mit Wasser auffüllen und zum Kochen bringen. Die Erbsen 5 Minuten garkochen. Anschließend das Wasser abschütten und die Erbsen mit etwas Salz würzen.
4. Das Wasser der Kartoffeln nach Ende der Garzeit abgießen, die Kartoffeln im Topf lassen und 2 EL Olivenöl, die Pflanzenmilch und 1 Prise Muskat hinzugeben. Mit einem Kartoffelstampfer zu Püree verarbeiten.
5. Kartoffelpüree, Erbsen und Champignons auf Tellern anrichten und noch mal Kind sein.

81 – Zitronige Linsensuppe

Sieht nicht so stylisch aus, das geben wir zu. Aber der Geschmack ist fantastisch, und diese Suppe ist einer unserer Favoriten. Extrem lecker und abwechslungsreich.

Zutaten (für 3–4 Portionen)

1 Zwiebel
1 Knoblauchzehe
1 EL Olivenöl
2 TL Kreuzkümmel
1 TL Kurkuma
1,5 Liter Wasser
1 EL Gewürzpaste (S. 246)
250 g rote Linsen
2–3 Zitronen
Himalaya-Salz
schwarzer Pfeffer

Zubereitung

1. Die Zwiebel und den Knoblauch schälen und fein hacken. Das Öl in einen Topf geben und beides kurz darin andünsten.
2. Im Anschluss die Gewürze hinzugeben und 1 weitere Minute dünsten. Dann 1,5 Liter Wasser und die Gewürzpaste hinzugeben. (Alternativ kann man auch die gleiche Menge Gemüsefond verwenden.)
3. Die roten Linsen in ein feines Sieb geben, mit heißem Wasser abspülen und danach in den Topf zu den anderen Zutaten geben. Alles aufkochen und 20 bis 25 Minuten bei mittlerer Temperatur köcheln lassen, bis die Linsen gar sind und die Suppe etwas eingedickt ist.
4. Währenddessen den Saft der Zitronen auspressen.
5. Je nach Konsistenz und Vorliebe können Sie noch etwas Wasser zur Suppe hinzugeben. Mit Himalaya-Salz, schwarzem Pfeffer und dem Zitronensaft abschmecken und genießen!

82 – Pause von der Gartenarbeit

Diese Suppe haben wir uns in der Mittagspause an einem schrecklichen Gartenarbeitssamstag gemacht. Nach dem Essen war der Tag gar nicht mehr so schlimm – aber die Biotonnen mussten trotzdem noch mit abgeschnittenen Ästen und Brennnesseln gefüllt werden.

Zutaten (für 4 Portionen)

1 Zwiebel
300 g Kartoffeln
700 g Brokkoli
2 EL Olivenöl
2 EL Gewürzpaste (alternativ 2 EL Gemüsebrühe)
1,5 Liter Wasser
Himalaya-Salz
schwarzer Pfeffer
optional: frische Kräuter oder Kerne als Topping

Zubereitung

1. Die Zwiebel schälen und fein würfeln. Die Kartoffeln ebenfalls schälen, waschen und in kleine Stücke schneiden. Den Brokkoli waschen und in Röschen teilen. Den Strunk schälen und das untere Ende entfernen. Den restlichen Strunk in Scheiben schneiden und zusammen mit den Röschen und den Kartoffeln bereitstellen.
2. Das Olivenöl in einen mittelgroßen bis großen Topf geben und auf dem Herd erhitzen. Die Zwiebeln hinzugeben und 1 bis 2 Minuten andünsten, bis sie glasig sind.
3. Die Kartoffeln und den Brokkoli zu den Zwiebeln geben. Danach die Gemüsebrühe oder die Gewürzpaste mit 1,5 Liter Wasser hinzugeben und alles zusammen aufkochen lassen.
4. Die Suppe 20 Minuten mit geschlossenem Deckel bei mittlerer Hitze köcheln lassen.
5. Im Anschluss alles mit einem Pürierstab pürieren und mit Himalaya-Salz und schwarzem Pfeffer abschmecken. Die Suppe zum Servieren in passende Schälchen geben und nach Belieben mit frischen Kräutern oder Kernen toppen.

83 – Wärmende Kokos-Curry-Suppe

Eine geschmackliche Abwechslung zu einer klassischen Gemüsesuppe. Die Konsistenz der Suppe ist relativ dünn und ähnelt eher einer Gemüsebrühe. Brokkoli und Möhren verleihen ihr Biss und das Curry und die Kokosmilch sorgen für einen leichten Asia-Touch.

Zutaten (für 4 Portionen)

1 Knoblauchzehe
500 g Brokkoli
150 g Möhren
2 EL Olivenöl
3 TL scharfes Currypulver
600 ml Gemüsebrühe (aus 1 EL Gewürzpaste + 600 ml Wasser) oder Gemüsefond
400 ml Kokosmilch
Himalaya-Salz
schwarzer Pfeffer
optional: anderes Gemüse nach Wahl (z. B. Pak Choi)

Zubereitung

1. Den Knoblauch schälen und fein hacken oder pressen. Den Brokkoli waschen und in kleine Röschen schneiden. Den Brokkolistiel und die Möhren schälen und in Scheiben schneiden.
2. 2 EL Olivenöl in einem Topf erhitzen und den Knoblauch darin andünsten. 3 TL Currypulver, die Brokkoli-Röschen und die Möhrenscheiben hinzugeben und 2 bis 3 Minuten mitdünsten.
3. Alles mit Gemüsebrühe und Kokosmilch ablöschen und kurz aufkochen lassen. Die Hitze im Anschluss reduzieren, den Deckel auf den Topf setzen und die Suppe 15 Minuten bei mittlerer Temperatur köcheln lassen.
4. Mit Himalaya-Salz und schwarzem Pfeffer abschmecken. Die Suppe in passende Schalen füllen und heiß servieren.

Tipp: Wenn man kein scharfes Currypulver hat, kann man alternativ 1 Messerspitze Cayennepfeffer hinzugeben. Oder man entscheidet sich für eine etwas mildere Variante der Suppe ohne Chili oder Cayennepfeffer.

84 – Grüne Gazpacho

Megagesund, roh, lecker und erfrischend. Diese grüne Gazpacho macht Lust auf mehr und ist eine ideale Mahlzeit im Frühling oder Sommer.

Zutaten (für 2–3 Portionen)

1 Salatgurke
1 Zucchini
1 gelbe Paprika
1 kleine weiße Zwiebel
1 kleine Knoblauchzehe
2 Zitronen
1–2 Handvoll frisches Basilikum
4 EL Olivenöl
200 ml Wasser
Himalaya-Salz
schwarzer Pfeffer

Zubereitung

1. Die Gurke und die Zucchini waschen und in Stücke schneiden. Die Paprika waschen, entkernen und ebenfalls in Stücke schneiden. Die Zwiebel schälen und vierteln. Die Knoblauchzehe schälen und zusammen mit dem restlichen Gemüse in einen Mixer geben.
2. Den Saft der Zitronen auspressen.
3. Basilikum, Zitronensaft, Olivenöl, 200 Milliliter Wasser, Himalaya-Salz und schwarzen Pfeffer zum Gemüse in den Mixer geben und alles zusammen auf höchster Stufe pürieren. Ist die Konsistenz der Suppe zu dick, einfach noch etwas Wasser hinzugeben.
4. Die Suppe mit Salz und Pfeffer abschmecken und für einige Stunden in den Kühlschrank stellen oder alternativ 1 Eiswürfel hinzugeben und direkt verzehren.

85 – Donald Trump – die Suppe

Diese Suppe hat die gleiche Farbe wie das Gesicht des ehemaligen amerikanischen Präsidenten, sieht dabei aber gesünder aus. Unsere Hunde kochen sie gemeinsam jedes Jahr zu Halloween.

Zutaten (für 4 Portionen)

1 kg Hokkaido-Kürbis
1 weiße Zwiebel
1 daumengroßes Stück Ingwer
1 Knoblauchzehe
1 Orange
2 EL Olivenöl
1 EL Currypulver
1 Dose Kokosmilch (440 ml)
600 ml Gemüsebrühe (oder 1 EL Gewürzpaste + 600 ml Wasser)
Himalaya-Salz
schwarzer Pfeffer
optional: 2–3 EL geröstete Kürbiskerne als Topping
optional: Kürbiskernöl zum Beträufeln

Zubereitung

1. Den Kürbis waschen und halbieren. Die Kerne entfernen und den Kürbis in circa 2 Zentimeter große Würfel schneiden. Etwa 1 Kilogramm Kürbis bereitstellen. (Die Überreste können luftdicht verpackt im Kühlschrank gelagert werden und sollten innerhalb der nächsten Tage verzehrt werden.)
2. Zwiebel, Ingwer und Knoblauch schälen und fein hacken. Die Orange auspressen.
3. 2 EL Olivenöl in einem großen Topf erhitzen und die Zwiebeln, den Knoblauch und den Ingwer zusammen mit 2 EL Currypulver 1 Minute andünsten. Nun die Kürbiswürfel hinzugeben und 2 bis 3 Minuten bei mittlerer Hitze mitdünsten.
4. Alles mit Kokosmilch und Gemüsebrühe ablöschen und kurz aufkochen lassen.
5. Die Hitze reduzieren und die Suppe mit schräg gestelltem Deckel 20 Minuten köcheln lassen.
6. Die Suppe fein pürieren, mit Salz und Pfeffer würzen und mit dem Orangensaft verfeinern. Die Suppe in passende Schalen geben und nach Belieben mit Kürbiskernen toppen und mit Kürbiskernöl beträufeln.

86 – Orientalische Blumenkohl-Mandel-Suppe

Diese Suppe ist sehr lecker und cremig und macht gut satt. Wird übrigens auch im Orient-Express serviert.

Zutaten

1 frischer Blumenkohl
1 Zitrone
4 EL Olivenöl
Himalaya-Salz
schwarzer Pfeffer
1 Knoblauchzehe
1 Zwiebel
1 TL Tomatenmark
100 g Mandeln
600 ml Mandelmilch
400 ml Gemüsefond
1 TL Ahornsirup
1 TL Kurkuma
1 TL Kreuzkümmel
1 Msp. Muskat
1 Msp. Cayennepfeffer

Zubereitung

1. Für das Topping den Backofen auf 180 °C Ober-/Unterhitze vorheizen.
2. Den Blumenkohl waschen, in Röschen schneiden und 500 Gramm zur Seite legen. Den übrigen Blumenkohl klein hacken. Die Zitrone auspressen.
3. Den gehackten Blumenkohl mit 1 EL Olivenöl, der Hälfte vom Zitronensaft, Salz und Pfeffer vermengen. Alles auf ein mit Backpapier belegtes Backblech geben und 30 Minuten im Ofen rösten. Dabei gelegentlich wenden.
4. Für die Suppe den Knoblauch und die Zwiebel schälen und fein hacken.
5. 3 EL Olivenöl und das Tomatenmark in einem Topf erhitzen. Den Knoblauch, die Zwiebeln, die 500 Gramm Blumenkohl und die Mandeln dazugeben. Ca. 4 Minuten anrösten, dann mit Mandelmilch und Gemüsefond ablöschen.
6. Alle Gewürze hinzugeben und bei mittlerer Hitze mit geschlossenem Deckel 25 Minuten köcheln.
7. Die Suppe mit einem Stabmixer pürieren, den restlichen Zitronensaft dazugeben und mit Salz und Pfeffer abschmecken. Beim Servieren mit dem gerösteten Blumenkohl toppen.

87 – Klassische Gemüsesuppe

Manche Gerichte sind einfach zeitlos – es gab sie schon vor über 100 Jahren und sie werden wohl auch in 100 Jahren noch gekocht werden. Dazu gehört, unserer Meinung nach, auch eine klassische Gemüsesuppe. Hier ist eine unserer Varianten zum Ausprobieren, Sattmachen und Wärmen.

Zutaten (für 4 Portionen)

2 Möhren
1 Kohlrabi
1 Zucchini
½ Stange Lauch
250 g Champignons
½ Bund frische Petersilie
½ Chilischote
1 Zwiebel
1 Knoblauchzehe
3 EL Olivenöl
1–2 TL Oregano
2 EL Gewürzpaste + 1,5 Liter Wasser (alternativ 1,5 Liter Gemüsebrühe)
Himalaya-Salz
schwarzer Pfeffer

Zubereitung

1. Das Gemüse waschen und in mundgerechte Würfel oder Scheiben schneiden. Die Champignons halbieren oder vierteln. Die Petersilie waschen und fein hacken. Die Chili waschen und in feine Ringe schneiden. Die Zwiebel und den Knoblauch schälen, Knoblauch fein hacken und die Zwiebel achteln.
2. Chili, Zwiebel und Knoblauch in einem mittelgroßen bis großen Topf in Olivenöl leicht andünsten.
3. Oregano und das Gemüse dazugeben und für 3 bis 4 Minuten mit andünsten. Die Gewürzpaste und 1,5 Liter Wasser sowie die gehackte Petersilie hinzugeben und zum Kochen bringen.
4. Im Anschluss die Temperatur reduzieren und die Suppe für etwa 20 bis 30 Minuten bei mittlerer Temperatur mit geschlossenem Deckel köcheln lassen.
5. Die Suppe mit Himalaya-Salz und schwarzem Pfeffer abschmecken und warm servieren.

SNACKS & DESSERTS

88 – Orient-Express-Nüsschen

Diese Nüsschen sind super lecker, orientalisch angehaucht und haben definitiv Suchtpotenzial. Also Vorsicht: nicht zu viel essen! Und raten Sie mal, wo sie auch serviert werden …

Zutaten (für 1 Backblech)

100 g Mandeln
100 g Walnusskerne
100 g Cashewkerne
1 EL Olivenöl
1 EL Agavendicksaft
1 TL Currypulver
½ TL Himalaya-Salz

Zubereitung

1. Den Backofen auf 170 °C vorheizen.
2. Alle Zutaten in einer Schüssel gut miteinander vermischen, dann auf ein mit Backpapier belegtes Backblech geben und 8 Minuten im Ofen rösten.
3. Die Nüsschen wenden und weitere 5 bis 8 Minuten rösten, sodass die Kerne leicht gebräunt sind, aber nicht verbrennen.
4. Danach auf dem Backblech auskühlen lassen und in luftdichten Behältern aufbewahren. Oder direkt aufessen.

89 – Krosse Körner-Cracker

Diese Cracker sind eine perfekte Chips-Alternative und eignen sich auch für Gäste. Am besten mit einem gesunden Dip genießen.

Zutaten (für 1 Backblech)

100 g gemahlene Mandeln
50 g geschrotete Leinsamen
100 g Sonnenblumenkerne
1 kleine rote Zwiebel
100 g Zucchini
35 g Tomate (ca. 3 kleine Cocktailtomaten)
1 EL Oregano
½ EL Thymian
2 EL Olivenöl
½ EL Himalaya-Salz
schwarzer Pfeffer
optional: Sesam, Mohn oder Kürbiskerne als Topping

Zubereitung

1. Den Backofen auf 160 Grad vorheizen. Mandeln und Leinsamen mit den Sonnenblumenkernen in einem Mixer fein mahlen.
2. Zwiebel schälen und vierteln. Zucchini und Tomaten waschen, in Stücke schneiden und zu den anderen Zutaten in den Mixer geben. Gewürze, Kräuter, Öl, Salz und Pfeffer hinzufügen und pürieren, bis eine homogene Masse entsteht.
3. Die Masse auf ein mit Backpapier belegtes Blech streichen. Mit einem zweiten Stück Backpapier abdecken und mit einem Nudelholz dünn ausrollen. Das obere Backpapier entfernen und die Masse mit den Toppings bestreuen.
4. Mit einem dünnen Messer Dreiecke in die Masse schneiden, an denen entlang man die Cracker später auseinanderbricht.
5. Die Cracker 30 Minuten backen. Dann die Temparatur auf 120 °C reduzieren und weitere 10 Minuten backen. Dabei einen Holzlöffel in die Backofentür klemmen. Je nach Dicke des Teiges kann die Backzeit variieren.
6. Auskühlen lassen und in Dreiecke brechen.

90 – Bilis Bountys

Für das Foto haben wir zur Deko extra eine Kokosnuss geknackt. Beim Versuch, nach dem Fotoshooting das Fruchtfleisch aus der Nuss zu holen, zersprang uns ein »Qualitätsmesser«, und wie sich herausstellte, schmeckte das Fruchtfleisch irgendwie nach Sonnencreme. Die in diesem Rezept beschriebenen »gesunden Bounty-Snacks« schmecken glücklicherweise nicht so, sondern herrlich schokoladig-kokosnussig und sind ein wunderbarer Snack für zwischendurch oder als Dessert-Alternative nach einer Mahlzeit.

Zutaten (für eine kleine Form)

90 g Kokosöl
90 g Ahornsirup
1 Prise gemahlene Vanille
200 g Kokosraspel
35 g Rohkakao

Zubereitung

1. Das Kokosöl, den Ahornsirup und 1 Prise gemahlene Vanille unter schwacher Hitze in einem Topf schmelzen und verrühren. In einer großen Schüssel die Kokosraspel und den Kakao vermischen.
2. Unter Rühren die flüssige Ahornsirup-Kokosöl-Masse dazugeben und alles gut miteinander vermengen.
3. Die Masse in eine mittelgroße, mit Backpapier ausgelegte Auflaufform geben und locker verteilen. Mit einem Bogen Backpapier belegen und festdrücken. Die Masse ist relativ krümelig, aber wenn sich die Zutaten gar nicht verbinden sollten, können Sie noch ein wenig Kokosöl unterrühren. Anschließend die Auflaufform für 30 Minuten in die Tiefkühltruhe stellen.
4. Danach die Schoko-Kokos-Masse in Stücke schneiden und anschließend im Kühlschrank oder in der Tiefkühltruhe aufbewahren.

91 – Himbeereisis aus unserer Kindheit

Das, was wir aus unserer Kindheit nicht verdrängt haben: Mini-Eis aus gefrorenem Kinder-Fruchtjoghurt. Hier haben wir unsere eigene, gesunde Variante gemacht. Wir glauben, unser Eis verdient – anders als das Original – wirklich den Nutri-Score A.

Zutaten (für 6 Stück)

2 Bananen
200 ml Kokosmilch
2 Handvoll Himbeeren

Zubereitung

1. Bananen schälen. Alle Zutaten in einen leistungsstarken Mixer oder in eine Küchenmaschine geben und auf höchster Stufe rühren, bis eine glatte Eismasse entsteht.
2. In kleine Eisförmchen geben und für einige Stunden im Gefrierfach fest werden lassen.
3. *Tipp:* Wenn Sie gefrorene Bananen und gefrorene Himbeeren verwenden, können Sie das Eis auch direkt nach dem Pürieren in Schälchen füllen und löffeln.

92 – Einfache Nut-Butter-Cookies

Superschnelle Kekse, die aus nur fünf Zutaten bestehen. Man kennt ja den Spruch »Je simpler, desto besser« – auf diese Cookies trifft das definitiv zu.

Zutaten (für 10 Cookies)

150 g Haferflocken
80 g Mandelmus, Cashewmus oder Erdnussmus
80 g Ahornsirup
30 g Hafermilch
50 g Zartbitterschokolade (mindestens 70 % Kakaoanteil)

Zubereitung

1. Den Backofen auf 180 °C Ober-/Unterhitze vorheizen.
2. Die Haferflocken in einen Mixer geben und zu feinem Mehl verarbeiten. (Man kann die Haferflocken aber auch grob lassen.)
3. Das Mandel- oder Nussmus, den Ahornsirup und die Hafermilch ebenfalls in den Mixer oder mit den gemahlenen Haferflocken in eine Küchenmaschine geben und zu einem gleichmäßigen Teig verarbeiten.
4. Die Zartbitterschokolade mit einem großen Messer in kleine Stücke hacken und unter den Teig heben.
5. Ein Backblech mit Backpapier belegen und zehn bis zwölf Cookies aus dem Teig formen. Die Kekse circa 12 Minuten im Backofen backen. Wer die Cookies etwas knuspriger mag, lässt sie ein paar Minuten länger im Backofen.
6. Nach der Backzeit das Backblech aus dem Ofen holen und die Kekse darauf abkühlen lassen – oder noch warm genießen.

93 – Dattel-Nuss-Pralinen

In einem Feinkostladen würde solch eine Praline mindestens 2,50 Euro kosten. Hier machen wir sie selber viel günstiger und so viele, wie wir wollen. Perfekt zum Mitbringen, Teilen mit Freunden oder wenn man nach dem Essen noch Lust auf etwas Süßes hat. Die Nüsse in diesem Rezept können ganz nach Geschmack gewählt werden.

Zutaten (für 15 Stück):

200 g Datteln, entkernt
50 g Haselnüsse
100 g Walnüsse
3 EL Wasser
1 Prise gemahlene Vanille
6 EL Rohkakaopulver
2 EL geschälte Hanfsamen
2 EL Chiasamen

Zubereitung

1. Datteln, Haselnüsse, Walnüsse, Wasser und 1 Prise gemahlene Vanille mit 3 EL Rohkakao, Hanfsamen und Chiasamen in einen leistungsstarken Mixer oder eine Küchenmaschine geben und auf höchster Stufe zu einem klebrigen Teig verarbeiten.
2. 3 EL Rohkakao auf einen kleinen Teller geben, mit angefeuchteten Händen 15 bis 20 kleine Pralinen aus dem Teig formen und im Rohkakao wälzen, bis die Kugeln komplett bedeckt sind.
3. *Tipp:* Die Pralinen sollten im Kühlschrank in luftdicht verschlossenen Behältern gelagert werden.

94 – Nice Cream

Wer gerne Eiscreme isst, aber eine gesündere Variante bevorzugt, ist mit dieser Nice Cream bestens bedient. Das Rezept ist unglaublich simpel und schmeckt genial – nicht nur im Sommer!

Zutaten (für 2 Portionen)

3 reife Bananen

3 Gold-Kiwis

Zubereitung

1. Die Bananen und die Kiwis schälen, in Scheiben schneiden und mindestens 6 Stunden (z. B. in Gefrierbeuteln) einfrieren. Vor der Zubereitung aus dem Tiefkühlfach nehmen und etwa 20 Minuten antauen lassen.
2. Danach die beiden Zutaten zusammen im Mixer oder in einer Küchenmaschine pürieren und sofort servieren.

95 – Nice Cream für Verliebte

Singles dürfen sie natürlich auch essen, verlieben sich dann aber vielleicht (in diese Nice Cream). Schokoladig, cremig und verführerisch …

Zutaten (für 2 Portionen)

3 reife Bananen
Zartbitterschokolade (mindestens 70 % Kakaoanteil), ausreichend für 2 EL Schokoraspel
150–200 ml kalte Kokosmilch
2 EL rohes Kakaopulver
optional: Kirschen als Topping

Zubereitung

1. Die Bananen schälen, in Scheiben schneiden und mindestens 6 Stunden einfrieren.
2. Kurz vor dem Servieren die Schokolade mit einer Reibe fein raspeln oder mit einem Messer ganz klein hacken. Es werden 2 EL Schokoraspel benötigt.
3. Die gefrorenen Bananen, die Kokosmilch und das Kakaopulver in einen Mixer oder eine Küchenmaschine geben und so lange auf höchster Stufe mixen, bis ein cremiges Eis entsteht.
4. Die Masse in passende Schälchen füllen, mit den Schokoraspeln und nach Belieben mit den Kirschen (oder anderem frischen Obst) toppen und genießen. Happy Valentine's Day!

96 – Chocolate Lover Brownies

Diese Brownies sind extrem krass, um es mal dezent auszudrücken. Super saftig und super schokoladig. Sie schmecken sündhaft, sind es aber nicht.

Zutaten (für 1 Brownie-Form)

160 g Hafermehl (gemahlene Haferflocken)
120 g gemahlene Mandeln
4 EL rohes Kakaopulver
1 TL Natron
250 ml Hafermilch
180 ml Agavendicksaft oder Ahornsirup
100 g geschmolzenes Kokosöl
3 EL Mandelmus
80 g gehackte dunkle Schokolade

Zubereitung

1. Den Backofen auf 180 °C Ober-/Unterhitze vorheizen und eine (Brownie-)Backform mit Backpapier auskleiden.
2. Die trockenen Zutaten (Hafermehl, gemahlene Mandeln, Rohkakao, Natron) in einer großen Schüssel miteinander verrühren.
3. Alle weiteren Zutaten (bis auf die gehackte Schokolade) dazugeben und mit einem Rührgerät zu einem glatten Teig verarbeiten. Zum Schluss die Schokoladenstückchen unterrühren.
4. Den Teig in die Backform geben und gleichmäßig verstreichen. Die Form in den Backofen geben und die Brownies mindestens 25 Minuten (bis sie relativ fest sind) backen.
5. Je nach Größe der Backform kann die Backzeit variieren – hier hilft die Stäbchenprobe.
6. Sobald die Brownies fest sind, die Form aus dem Ofen nehmen, die Brownies abkühlen lassen und im Anschluss in rechteckige Stücke schneiden.

97 – Ururomas Apfelmus

Nicht nur zu Beginn der kalten Jahreszeiten ist selbst gemachtes Apfelmus ein echter Klassiker. Das Rezept ist supersimpel und vermutlich schon tausend Jahre alt. Das Mus lässt sich verwenden als warmes Topping für Porridge, einfach so als Snack oder gestreckt mit etwas Kokosjoghurt. Ein Schälchen davon, und der Tag gehört Ihnen!

Zutaten (für 4 Portionen)

1 kg Apfel
½ Zitrone
80 ml Wasser
1 TL Zimt
½ TL gemahlene Vanille

Zubereitung

1. Die Äpfel waschen, das Kerngehäuse entfernen und die Äpfel in kleine Stücke schneiden. (Wer mag, kann die Äpfel schälen, das ist aber kein Muss.) Die halbe Zitrone auspressen.
2. Alle Zutaten zusammen in einen Topf geben und kurz aufkochen lassen. Die Hitze reduzieren und die Äpfel 10 bis 15 Minuten bei niedriger Hitze köcheln lassen, bis sie weich sind.
3. Zum Schluss die gekochten Äpfel mit einem Pürierstab oder in einem Mixer auf höchster Stufe einige Sekunden zerkleinern. Man kann sie aber auch traditionell mit einem Stampfer im Topf zu Mus verarbeiten.
4. Noch warm servieren oder abkühlen lassen. Luftdicht verschlossen und im Kühlschrank gelagert, hält sich das Apfelmus einige Tage.

98 – Bilis Bananenbrot

Ein altes chinesisches Sprichwort soll besagen: »Wer kein Bananenbrot mag, dem ist nicht zu trauen.« Ob das wirklich stimmt, wissen wir nicht – aber wir wissen, dass unser Bananenbrot ziemlich gut schmeckt.

Zutaten (für eine Kastenform)

50 g Schokolade (mindestens 70 % Kakaoanteil)
250 g Hafermehl
1 TL Backpulver
1–2 TL Zimt
3 sehr reife Bananen
150 g Kokosjoghurt oder Apfelmus
80 ml Pflanzenmilch
1 TL Zitronensaft
3 EL Ahornsirup
60 ml Pflanzenöl (geschmacksneutral)

Zubereitung

1. Den Backofen auf 180 °C Ober-/Unterhitze vorheizen.
2. Die Schokolade hacken oder raspeln.
3. Das Hafermehl, das Backpulver und den Zimt miteinander vermischen. Die Bananen schälen, mit einer Gabel zerdrücken und im Anschluss mit Kokosjoghurt (oder Apfelmus), Pflanzenmilch, Zitronensaft, Ahornsirup und Öl mit einem Handrührgerät verrühren, bis eine gleichmäßige Masse entsteht.
4. Die trockenen Zutaten (bis auf die gehackte Schokolade) dazugeben und zu einem glatten Teig verrühren.
5. Zum Schluss vorsichtig die gehackte Schokolade unterheben.
6. Eine Brotbackform oder Kastenform mit Backpapier auslegen und den Teig hineingeben. Das Bananenbrot circa 45 Minuten backen.
7. Im Anschluss 15 Minuten in der Form abkühlen lassen, bevor man es herausnimmt. Anschließend das Bananenbrot auf einem Gitter vollständig auskühlen lassen und dann vorsichtig in Scheiben schneiden.

99 – Bilis Bananenriegel

Snack-Riegel für vegane Äffchen – perfekt für unterwegs, Kindergeburtstage oder als kleine Nascherei auch für Erwachsene.

Zutaten (für 10 Stück)

2 reife Bananen
200 g Haferflocken
100 ml Hafermilch
2 EL Cashewmus
1 TL Zimt
1 EL Ahornsirup
1 Prise gemahlene Vanille

Zubereitung

1. Den Backofen auf 180 °C Ober-/Unterhitze vorheizen.
2. Die Bananen schälen, mit einer Gabel zerdrücken und mit allen anderen Zutaten in einer Schüssel zu einer glatten Masse verrühren.
3. Eine kleinere Backform mit Backpapier auskleiden. Die Bananenmasse einfüllen und gleichmäßig in der Form verteilen. Anschließend 25 Minuten auf mittlerer Schiene im Ofen backen.
4. Im Anschluss die Form aus dem Ofen nehmen, auskühlen lassen und den gebackenen Teig in zehn Riegel schneiden.

   Tipp: Luftdicht verschlossen sind die Riegel mehrere Tage haltbar. Man kann man sie auch im Kühlschrank aufbewahren. Wir machen sie allerdings am liebsten frisch und essen sie innerhalb von zwei Tagen. So werden die Riegel nicht trocken und behalten ihre saftige Konsistenz.

DIPS & DRESSINGS

100 – Pink Hummus

Für alle Farbenfreunde, die zufälligerweise auch Hummusfreunde sind, ist dieses Rezept ein Muss. Eine tolle Optik und ein klassischer Hummus-Geschmack, der durch die Rote Bete verfeinert wird.

Zutaten (für 1 Schale)

1 großes Glas Kichererbsen (Abtropfgewicht 400 g)
1 Knoblauchzehe
1 Zitrone
1–2 gekochte Rote Bete (+ den Saft aus der Verpackung, wenn man vorgekochte Rote Bete kauft)
2 EL Tahin
3 EL Olivenöl
1 TL Kreuzkümmel
1 TL Himalaya-Salz

Zubereitung

1. Die Kichererbsen in ein Sieb geben und mit klarem Wasser abspülen.
2. Den Knoblauch schälen und den Saft der Zitrone auspressen.
3. Kichererbsen, Knoblauch, Rote Bete (samt dem Saft), Zitronensaft, Tahin, Olivenöl und die Gewürze in einem Mixer oder einer Küchenmaschine fein pürieren.
4. In einer schönen Schüssel anrichten und dann abgedeckt im Kühlschrank aufbewahren.

101 – Classic Guac

Guacamole, Guac oder Avo-Smash – egal, wie man es nennen mag: Avocados in dieser Form zuzubereiten und zu essen, bietet viele Vorteile und Einsatzbereiche: als Dip, als Aufstrich, im Salat oder einfach zum Löffeln. Die super gesunde Avocado macht sich so überall Freunde.

Zutaten (für 1 Schale)

1–2 Avocados
1–2 Zitronen
optional: 1 kleine Knoblauchzehe
Himalaya-Salz
schwarzer Pfeffer

Zubereitung

1. Die Avocado halbieren, den Kern entfernen und das Fruchtfleisch herauslöffeln.
2. Den Saft der Zitrone(n) auspressen und zusammen mit der Avocado (und wahlweise der Knoblauchzehe) in einen Mixer geben oder mit einer Gabel zerdrücken.
3. Mit Himalaya-Salz und schwarzem Pfeffer abschmecken, fertig!

102 – Olivers Oliventapenade

Wenn man gute Oliven erwischt, schmeckt dieser Dip einfach grandios. Unbedingt ausprobieren – zum Beispiel zu unseren krossen Körner-Crackern. Eignet sich super, um es einfach auf den Tisch zu stellen, damit sich Gäste oder die Familie bedienen können, oder auch für abends zu zweit auf der Couch.

Zutaten (für 1 Schale)

1 Knoblauchzehe
1 Zitrone
180 g grüne Oliven, entkernt
3 EL Olivenöl
Himalaya-Salz
schwarzer Pfeffer

Zubereitung

1. Den Knoblauch schälen und den Saft der Zitrone auspressen.
2. Beides mit allen anderen Zutaten in einen Mixer geben oder mit einem Stabmixer stückig (nicht zu fein!) pürieren.

103 – Avo-Cashew-Pesto

Warum fertiges Pesto mit ungesunden Ölen aus dem Supermarkt kaufen, wenn man es schnell und einfach selbst machen kann? Hier ist unser Avo-Cashew-Pesto.

Zutaten (für 1 Schale)

1 ½ Zitronen
1 Topf frisches Basilikum
50 g Cashewnüsse
1 Avocado
3 EL Wasser
Himalaya-Salz
schwarzer Pfeffer

Zubereitung

1. Den Saft der Zitronen auspressen.
2. Alle Basilikumblättchen abzupfen und mit den übrigen Zutaten in einen Mixer geben und pürieren.
3. Mit Himalaya-Salz und schwarzem Pfeffer abschmecken.
4. *Tipp:* Am besten kalt genießen!

104 – Veganer Kräuterquark

Diese superschnell gemachte vegane Kräutercreme eignet sich hervorragend als Dip für Ofengemüse, Ofenkartoffeln und für unsere Cracker oder als kleine Beilage für andere Hauptmahlzeiten. Wer das Rezept einmal draufhat, wird es garantiert oft machen.

Zutaten (für 1 Schale)

½ Bund frischer Schnittlauch (oder 25 g TK-Schnittlauch)
¼ Bund frische Petersilie (oder 25 g TK-Petersilie)
150 g vegane Creme
Zitronensaft
Himalaya-Salz
schwarzer Pfeffer

Zubereitung

1. Den Schnittlauch und die Petersilie waschen und fein hacken. (Nach Geschmack kann auch entweder nur mit Schnittlauch oder nur mit Petersilie gearbeitet werden – dann 50 Gramm davon nehmen. Auch Dill eignet sich hervorragend.)
2. Alle Zutaten in einer kleinen Schale verrühren und mit einem Spritzer Zitronensaft, Himalaya-Salz und schwarzem Pfeffer abschmecken.

105 – Zitronen-Hummi

Hummus ist etwas, zu dem man nur schwer Nein sagen kann. Wir sehen auch keinen guten Grund, warum man das tun sollte. Wieso also nicht heute dieses leckere Hummus-Rezept ausprobieren?

Zutaten (für 1 Schale)

1 großes Glas Kichererbsen (Abtropfgewicht 400 g)
1 Knoblauchzehe
2 Zitronen
2 EL Tahin
3 EL Olivenöl
1 TL Kreuzkümmel
1 TL Himalaya-Salz
schwarzer Pfeffer

Zubereitung

1. Die Kichererbsen in ein Sieb geben und mit Wasser abspülen.
2. Den Knoblauch schälen und den Saft der Zitronen auspressen.
3. Alle Zutaten gemeinsam in einem Mixer pürieren, bis eine glatte Masse entsteht.
4. Mit Himalaya-Salz und schwarzem Pfeffer abschmecken.

106 – Mandel-Pesto

Ein nussiges Pesto – leicht zubereitet, schön anzusehen und natürlich auch gut im Geschmack. Viel Spaß beim Nachmachen!

Zutaten (für 1 Schale)

1 Topf frisches Basilikum
1 Knoblauchzehe
½ Zitrone
50 g Mandeln
3 EL Olivenöl
1 TL Himalaya-Salz

Zubereitung

1. Alle Basilikumblättchen abzupfen, den Knoblauch schälen und den Saft der Zitrone auspressen.
2. Basilikumblättchen, Knoblauch und Zitronensaft zusammen mit allen restlichen Zutaten in einen Mixer geben und so lange pürieren, bis die gewünschte Konsistenz entsteht.
3. Abschmecken und eventuell noch etwas Himalaya-Salz hinzufügen.

107 – Classic Dressing

Zutaten (für 200 ml)

4 EL Olivenöl
4 EL Apfelessig
4 EL Leinöl
4 EL Zitronensaft
1 EL Wasser
2–3 TL Senf
Himalaya-Salz
schwarzer Pfeffer
optional: 1–2 EL Gartenkräuter-Mix

Zubereitung

1. Alles mit einem Schneebesen gründlich verrühren, bis sich die Zutaten zu einem gleichmäßigen Dressing verbinden.
2. Mit Himalaya-Salz und schwarzem Pfeffer abschmecken. Für die Kräuter-Variante noch 1 bis 2 EL Kräuter unterrühren.

108 – Himbeer-Vinaigrette

Zutaten (für 200 ml)

4 EL Olivenöl
4 EL Apfelessig
4 EL Leinöl
4 EL Zitronensaft
1 EL Wasser
2–3 TL Senf
Himalaya-Salz
schwarzer Pfeffer
70 g Himbeeren
optional: etwas Wasser oder Ahornsirup

Zubereitung

1. Alle Zutaten in ein passendes Gefäß geben und mit einem Pürierstab pürieren.
2. Mit Himalaya-Salz und schwarzem Pfeffer abschmecken.
3. Für den Geschmack oder die Konsistenz nach Belieben noch etwas Wasser oder Ahornsirup hinzugeben.

109 – Orange-Cashew-Dressing

Zutaten (für 200 ml)

50 g Cashewkerne
1 Orange
½ Zitrone
½ Knoblauchzehe
40 g Olivenöl
1 TL Ahornsirup
Himalaya-Salz
schwarzer Pfeffer

Zubereitung

1. Die Cashewkerne mindestens 30 Minuten in Wasser einweichen.
2. Den Saft von Orange und Zitrone auspressen.
3. Das Einweichwasser der Cashewkerne abgießen. Die Cashews in einen Mixer geben und zusammen mit allen anderen Zutaten etwa 1 Minute fein pürieren, bis ein cremiges Dressing entsteht. Mit Himalaya-Salz und schwarzem Pfeffer abschmecken.

110 – Classic Balsamico-Dressing

Dieses Dressing ist superlecker und ein echter Allrounder. Leicht süß, leicht sauer und wertet damit im Grunde jeden Salat auf. Hält sich auch zwei bis drei Tage im Kühlschrank.

Zutaten (für 200 ml)

6 EL Olivenöl
4 EL Balsamicoessig
1–1 ½ EL Ahornsirup
1 TL Senf
Himalaya-Salz
schwarzer Pfeffer
optional: frischer Zitronensaft

Zubereitung

1. Alle Zutaten in einer kleinen Schüssel mit einem Schneebesen verrühren, bis sie sich miteinander verbinden. Mit Salz und Pfeffer abschmecken.
2. Um den Säuregrad des Dressings anzupassen, können Sie nach Belieben etwas Zitronensaft und/oder Ahornsirup hinzufügen.

111 – Gewürzpaste

Unsere selbst gemachte Alternative zu fertiger Gemüsebrühe. Sie eignet sich für das Würzen von Saucen und Suppen. Die Auswahl des Gemüses kann hierbei auch beliebig verändert werden.

Zutaten (für 2 Einmachgläser)

250 g Möhren
250 g Knollensellerie
200 g Petersilienwurzel
150 g Zwiebeln
100 g Pastinaken
1 Stange Lauch
1 Knoblauchzehe
4 Stängel frische Petersilie
1 TL Oregano
1 TL Thymian
1 TL Estragon
1 Lorbeerblatt
1 EL Tomatenmark
1 EL Olivenöl
50 g Wasser
120 g Himalaya-Salz

Zubereitung

1. Das Gemüse waschen, in Stücke schneiden und im Mixer zerkleinern. Alles zusammen in einen Topf geben, kurz aufkochen lassen und dann bei mittlerer bis kleiner Hitze mit schräg gestelltem Deckel 40 Minuten einkochen lassen.
2. Die Einmachgläser mit kochendem Wasser ausspülen, um sie steril zu machen.
3. Die Paste nach dem Kochen im Anschluss erneut im Mixer pürieren und heiß in die sterilen Gläser füllen.
4. Danach die Gläser sofort verschließen, auf den Deckel stellen und einige Stunden umgedreht stehen und abkühlen lassen.
5. Die fertige Paste gut verschlossen im Kühlschrank aufbewahren. So ist sie mehrere Monate haltbar.

Verwendung: Um 1 Liter Gemüsebrühe herzustellen, 1 Liter Wasser mit 1 ½ EL Gewürzpaste mischen. Wenn es etwas würziger oder milder sein soll, kann man die Menge natürlich individuell anpassen.

Dank

Wir hoffen, dass Ihnen die in diesem Buch enthaltenen Rezepte gefallen und geschmeckt haben und eine Inspiration dafür sein konnten, dass gesundes Kochen und Essen einfach ist und Spaß macht.

Danken möchten wir an dieser Stelle nun vor allem Ihnen – ohne Sie würde es keinen Sinn ergeben, ein Kochbuch herauszubringen. Von daher ein großes DANKE!

Ebenso danken wir dem Goldmann Verlag und seinen Mitarbeiterinnen und Mitarbeitern, die unseren Rezepten mit diesem Kochbuch ein Zuhause bieten.

Zudem geht ein Dank an Moritz Winter und Hannah Leitsch, die uns bei einigen der Fotos mit ihren Kamera-Skills zur Seite standen.

Wir danken unserer Familie, inklusive der Hunde, bei denen wir immer ein Zuhause haben und wo wir ursprünglich das Kochen lernten.

Wir wünschen Ihnen alles erdenklich Gute und viel Erfolg auf Ihrem Weg zu gesunder Haut und mehr Wohlbefinden.

Sollten Sie weitere Informationen oder Unterstützung brauchen, so finden Sie auf www.diehautdiaet.com weitere Möglichkeiten, wie zum Beispiel das Hautdiät-Buch, den Hautdiät-Online-Kurs oder die Möglichkeit zu einer direkten Zusammenarbeit mit Felix Dahlmanns im Rahmen seiner privaten Gesundheitsberatung. Auf Instagram finden Sie unter @diehautdiaet weitere Inspirationen, Rezepte und mehr.

In diesem Sinne alles Liebe und hoffentlich bis zum nächsten Kochbuch!

Jana & Felix Dahlmanns

Rezeptübersicht (alphabetisch)

Kalte & warme Getränke

Angeber-Smoothie

Banana Dark Choc

Bilis Breakfast

Bloody Berry

Brennnessel-Tee

Caribbean Dream

Chlorophyll Kiss

Classic Green

Donald Trump

Feuerlöscher

Fitte alte Dame

Fliegender Holländer

Frischer Minztee

Frisches Zitronenwasser

Glowing Green

Granatapfel-Eistee

Grapefruit Spritz

Grüner Peter

Grüner Superfood-Shake

Heiße Zitrone

Hello Bali

Himbeer-Minz-Refresher

Icy Blueberry O

Lila Zitronenwasser

Melonenbombe

O.M.I.-Tee

Pink Princess

Pink Swirl

Protein-Power

Pure Passion

Purest Pink

Rotes Zitronenwasser

Schuppenflechte-Tee nach Maria Treben

Sonnenanbeter

Sweet Green

Vanilli Milli

Yellow Submarine

Zitrusfrucht-Mix

Frühstück

Salate & Bowls

Hauptgerichte

Snacks & Desserts

Dips & Dressings

Unsere Leseempfehlung

320 Seiten
Auch als E-Book erhältlich

Wer von Neurodermitis, Schuppenflechte, Rosazea oder Akne betroffen ist, leidet oft doppelt – unter unangenehmen Symptomen und beim Blick in den Spiegel. Doch es gibt einen Weg zurück zu schöner und gesunder Haut: die Hautdiät. Der Mediziner Felix Dahlmanns war selbst von Psoriasis betroffen. Er hat eine hocheffektive Strategie entwickelt, mit der sich verschiedenste Hautprobleme auf natürliche Weise von innen heraus kurieren lassen, und das ohne Cortisonsalben oder andere Hautpflegeprodukte. Kernstück seiner Methode sind eine basenbildende Ernährung sowie die Zufuhr gezielter Nährstoffe durch Algenshakes und Superfoods.